W0337036

MADEMOISELLE LENORMAND

COLLECTOR

Titre original : *Lustruous Lenormand.*
Publié pour la première fois par Llewellyn Publications, U.S.

ISBN : 978-2-36188-806-0

Traduit de l'anglais par Véronique Dumont.

Imprimé en Chine.

www.editions-tredaniel.com
info@guytredaniel.fr
www.facebook.com/tredanieleso
@tredaniel_eso

MADEMOISELLE LENORMAND

COLLECTOR

CIRO MARCHETTI

TONI SAVORY

Je dédie cet oracle à tous les lecteurs désireux d'explorer leur être intérieur et à tous les membres de la World Divination Association qui ont donné vie à ce livre.

Un merci tout particulier à Ciro Marchetti pour avoir permis ce voyage et à Steffi Oswald dont la patience pour corriger mes écrits relève d'une amitié sincère. Sans l'amour et le soutien de ma femme, Jane Matthews, et de mes « garçons », Lloyd et Nate, je ne serais jamais venue à bout de ce guide.

Sommaire

Note de l'artiste

Second oracle Lenormand conçu par mes soins, le *Mademoiselle Lenormand Collector* a été initialement autoédité sous le nom *Sui Generis Lenormand*. Comme pour chacun de mes outils divinatoires, mon intention est de fournir des cartes propres à offrir une introspection avec des illustrations facilement identifiables pour ceux qui connaissent déjà le système Lenormand. Nombre de ces images ouvrent une nouvelle perspective et constituent une introduction symbolique pour les débutants qui peuvent ainsi aisément appréhender leur signification.

Cela dit, comme dans la plupart des systèmes de cartomancie, ces significations permettent – à dessein – des variations nuancées.

Les 36 cartes initiales de cet oracle reflètent la tradition Lenormand tout en intégrant trois ajouts. Tout d'abord, le Hibou qui peut se substituer aux Oiseaux ; tous deux partagent le nombre 12. Sans signification particulière, cette carte vous offre un choix s'il est privilégié dans votre culture. J'ai ensuite inclus une deuxième carte Homme (Monsieur) et Femme (Dame). La possibilité d'utiliser deux cartes du même genre dans un tirage autorise plus de pertinence en fonction des circonstances ou des consultants. Au-delà de la représentation la plus évidente des relations interpersonnelles, elle permet également de mieux refléter un partenariat commercial ou les membres d'une même famille, etc. En outre, l'inclusion de ces cartes de genre supplémentaires fournit davantage de combinaisons fascinantes… par exemple, trois cartes de genre dans la même lecture.

Au-delà du paquet de base, composé des 36 cartes pouvant être utilisées en combinaisons variées pour créer votre tirage favori ou dans leur totalité sous la forme du grand tableau, le *Mademoiselle Lenormand Collector* comprend huit cartes supplémentaires de ma propre invention. Celles-ci étaient initialement introduites dans mon précédent oracle, *Les Rêves enchantés de Lenormand*, et j'ai particulièrement aimé découvrir les nouvelles méthodes développées par les lecteurs pour les adopter ; je ne saurais d'ailleurs trop vous encourager à créer les vôtres à l'instar de l'auteure de ce livre, Toni Savory, qui est probablement la lectrice contemporaine la plus renommée du système Lenormand. Mon intention n'était pas qu'elles soient nécessairement utilisées dans leur totalité « au sein » d'un grand tableau, mais plutôt comme des cartes complémentaires susceptibles d'accroître la perspective, le contexte et la clarté sur un aspect spécifique du tirage global si le lecteur le réclame. Chacune apportant sa contribution comme le suggèrent les exemples suivants, vous pouvez choisir de travailler avec l'une ou plusieurs de ces cartes selon les circonstances.

Les cartes supplémentaires sont les suivantes :

Le Temps (37) Il s'agit du temps correspondant à la situation présentée dans la lecture. Lorsque celle-ci surviendra, combien de temps durera-t-elle et combien de temps ses conséquences se feront-elles sentir ?

Le Puits (38) Il appelle à considérer ou à analyser la signification profonde de la carte.

Le Dé (39) Évaluez les risques, pesez le pour et le contre en sachant que dans certains cas, le résultat dépendra toujours du hasard, d'un lancer de dés.

La Boussole (40) Elle vous invite à étudier précisément votre objectif et votre destination finale, que celle-ci soit un lieu physique, une circonstance ou une situation. Est-ce un espace où vous voulez ou devez être ?

Le Pont (41) Il suggère un lien plus direct entre deux cartes ou deux questions soulevées lors du tirage.

Le Masque (42) Une situation peut vous obliger à adopter un nouveau comportement. Cela concerne aussi vos interlocuteurs.

Le Labyrinthe (43) Soyez conscient du chemin que vous allez emprunter ; la voie directe peut se révéler impraticable. En cours de route, vous pouvez prendre un mauvais virage et vous égarer. Évaluez votre position et l'itinéraire que vous avez choisi, puis revenez en arrière pour comprendre à quel moment vous avez pu vous tromper et recommencez.

La Loupe (44) Cette carte est la plus floue en ce sens qu'elle suggère une réévaluation plus attentive des conclusions offertes jusqu'alors par le tirage global. Mais elle est également un jeu visuel. Le QR Code qui y figure est fonctionnel. Si vous le scannez avec votre mobile, il vous connectera à une page de mon site Web où j'ajoute périodiquement des fonctionnalités utiles telles que des séquences animées pour une carte spécifique ou des démonstrations de tirages pratiqués par quelques-unes des figures de proue de la communauté Lenormand actuelle.

L'exemple suivant illustre la méthodologie d'utilisation la plus simple tout en fournissant la multitude de variations et le potentiel plus complexe que les cartes sont susceptibles d'offrir.

Message d'un homme à une femme. Le Cœur suggère que le sujet de la lettre est de nature romantique, l'Anneau évoque une demande en mariage. Le Poisson peut révéler une compatibilité financière. Le Vaisseau annonce un voyage – l'un des partenaires devant rejoindre l'autre, si la demande est acceptée – ou symbolise une lune de miel, futur voyage commun des deux protagonistes. Si la vision peut sembler évidente, supposons que le lecteur ne soit pas tout à fait convaincu. Quelque chose ne passe pas au mieux ou il ressent simplement l'envie de faire une pause, de reconsidérer la situation et d'utiliser une ou plusieurs cartes supplémentaires pour demander une confirmation ou un réexamen. Auquel cas…

Le Temps (37) Il clarifie la réponse : quand la situation annoncée aura-t-elle lieu ? Parle-t-on de court ou de long terme ? Y aura-t-il une contrainte de temps ou une fenêtre spécifique nécessitant une décision ? Un facteur susceptible de provoquer un retard ?

Le Puits (38) Il suggère un examen approfondi de la réponse.

Le Dé (39) Est-il (ou elle) réellement LE (LA) bon(ne) personne ? Considérez chaque aspect de la question, du pratique à l'émotionnel ; cela peut sans aucun doute constituer une aide, mais au fond, la vie est émaillée de paris et celui-ci en est un.

La Boussole (40) Où cette situation mènera-t-elle ? Quelle est la destination finale, où se situe le « là » à la fois géographique et émotionnel ?

Le Pont (41) Il peut suggérer un lien plus fort entre deux cartes du tirage principal.

Le Masque (42) Jusqu'à présent, tout n'était que romantisme et ravissement, la distance a attisé les sentiments. Mais… jusqu'à quel point connaît-on véritablement l'autre ? Est-il possible de voir derrière le masque, et si oui, notez-vous une différence ?

Le Labyrinthe (43) La proposition peut être soumise à conditions. Des obstacles devront être surmontés ou des directions alternatives prises avant de pouvoir accéder à la destination souhaitée.

La Loupe (44) Cette carte appelle une réflexion. Le tirage global ou partiel inclut-il des doutes, un élément dénué de sens ? Si tel est le cas, marquez une pause et envisagez une étude approfondie.

À la suite de ce processus, quelle est votre réflexion comparée à la réponse initiale ?

Ciro Marchetti

Introduction

Les subtilités et les illustrations uniques du *Mademoiselle Lenormand Collector* créé par Ciro Marchetti honorent véritablement son nom. Il en émane une tradition et une modernité éclatantes. Fidèle aux consignes du *Jeu de l'Espoir* et de Philippe LeNormand, cet oracle offre aux lecteurs la possibilité de puiser dans des générations de tradition Lenormand tout en offrant des interprétations intuitives au travers d'un travail artistique.

L'édition de 1799 du *Jeu de l'Espoir* largement connu sous le nom d'« oracle Lenormand » est souvent considérée comme le précurseur des cartes Lenormand. Elle renvoie aux 36 cartes et à leur présage : de bon augure (positives) vs de mauvais augure (négatives). Les cartes et les consignes qui les accompagnent sont la référence la plus ancienne à la divination. Chacune constitue une étape dans le voyage de la vie. Les joueurs commencent par la carte du Cavalier (1) puis se déplacent en tentant d'éviter les pièges et les conflits que la vie précipite sur leur route.

Antérieurs d'environ cinquante ans aux instructions de Philippe LeNormand, cet outil de hasard et ses consignes ont constitué une base pour de nombreux lecteurs bavarois qui ont transmis ce style de lecture original depuis le XVIIIe siècle.

Lorsque les lecteurs se réfèrent aux « significations traditionnelles Lenormand », ils ignorent le plus souvent qu'elles sont issues du *Jeu de l'Espoir* original.

L'utilisation conjointe du *Jeu de l'Espoir* et de l'oracle Lenormand permet de mieux comprendre pourquoi certaines cartes sont estimées difficiles et d'autres, neutres.

Après les instructions du *Jeu de l'Espoir* est apparue la version de Philippe LeNormand. Certaines des significations des cartes ont alors été modifiées, mais les consignes sont demeurées les mêmes.

Les significations

Le *Mademoiselle Lenormand Collector* voyage à travers des siècles de savoirs et culmine dans la réalité du moment présent. Le lecteur n'a pas besoin d'apprendre une multitude de mots-clés, ni d'avoir recours à des méthodes élaborées pour l'utiliser.

La signification

Chaque carte possède un sens profond. Connu pour ses messages concis, l'oracle Lenormand permet d'affiner cette signification avec un mot-clé utilisable en toute situation. Plus vous intégrez de cartes à un tirage, plus vous voyez celle-ci se dérouler sous vos yeux.

Le présage

Une classification immédiate de chaque carte – « de bon augure » (positif/facile) *vs* « de mauvais augure » (négatif/difficile) – permet de disposer d'une vue d'ensemble sur l'évolution positive ou négative de la situation.

La signification traditionnelle

Les significations du XVIIIe siècle et du début du XIXe siècle sont expliquées afin que le lecteur puisse saisir la véritable essence de chaque carte. Une phrase fournit les instructions à partir desquelles articuler la lecture.

L'image

Associer les consignes d'origine à l'imagerie de ces cartes permet la transmission de messages rapides.

Les grands thèmes de la vie : travail, amour et santé

Cet oracle inclut toutes les situations susceptibles d'émailler la vie et offre un aperçu unique de la situation actuelle. Alors que vous commencez à construire un récit, vous découvrez comment chaque thème est mis en évidence et résolu.

Les conseils

Le sens précis de chaque carte peut être interprété différemment selon que vous faites une lecture quotidienne ou sur le long terme.

La note

Une série d'informations explicatives.

Les mots-clés

Ces mots aux significations simples et essentielles permettent d'élargir l'interprétation.

La lecture du *Mademoiselle Lenormand Collector*

Commencez par mélanger les cartes en réfléchissant aux réponses que vous souhaitez recevoir. Concentrez-vous mentalement sur une situation qui pèse sur votre bien-être et posez une question simple, claire et ouverte, plutôt qu'une interrogation impliquant un « oui » ou un « non ».

Demandez par exemple : « Quelle sera l'issue de ma candidature ? » plutôt que : « Vais-je obtenir une promotion ? » Utilisez la signification de chaque carte pour interpréter la réponse. L'essence de la carte telle qu'elle y est exprimée facilite la réponse (plus qu'une mémorisation des mots-clés).

Exemple

Quelle sera l'issue de ma candidature ?

Réponse : la Lune (32)

La Lune signifiant la « reconnaissance », vous pouvez être assuré de l'aboutissement de votre candidature.

Ou

Quelle sera l'issue de ma candidature ?

Réponse : la Loupe (44) + le Choix (22) + le Cercueil (8)

Signification = Concentration + Décisions + Mort

Votre candidature sera examinée attentivement (la Loupe), une décision sera prise (le Choix) et celle-ci entraînera un refus (le Cercueil).

***

Comme vous le constaterez, le langage Lenormand permet de constituer un récit au fur et à mesure de l'ajout de nouvelles cartes. L'oracle est plus pertinent si vous les considérez comme un tout et les lisez sur un mode narratif. Dans une lecture qui comprend un grand nombre de cartes, l'histoire peut se construire en fonction de la position de l'Homme et de la Femme. Lors d'un tirage à une carte ou de seulement quelques cartes, un récit simple explique clairement le déroulement des événements.

Les cartes de Personnages

Les consignes du *Jeu de l'Espoir* et des premiers oracles Lenormand se réfèrent aux cartes positives ou négatives en fonction de leur proximité avec le Personnage. La position de ce dernier révèle l'état des relations interpersonnelles et aide le lecteur à comprendre si la situation est épineuse ou fluide. La lecture suit la direction de son regard qui porte « à gauche » ou « à droite ».

- Les cartes vers lesquelles se tourne le Personnage sont considérées comme de bon augure (ou faciles). Par exemple, l'Homme (28) + le Trèfle (2) ou le Trèfle (2) + la Femme (29).

- Lorsque le Personnage tourne le dos aux cartes, celles-ci sont de mauvais augure (ou difficiles). Par exemple, le Vaisseau (3) + l'Homme (28) ou la Femme (29) + le Vaisseau (3).

- Les partenaires se soutiennent l'un l'autre et entretiennent une relation solide lorsqu'ils se font face. Par exemple, l'Homme (28) + la Femme (29), ou la Dame (29) + la Femme (29), ou l'Homme (28) + le Monsieur (28).

- Lorsqu'ils sont dos à dos, les partenaires sont en désaccord ou ne consacrent aucun temps l'un à l'autre. Par exemple, la Femme (29) + l'Homme (28), ou la Femme (29) + la Dame (29), ou le Monsieur (28) + l'Homme (28).

Exemple 1

Le consultant (Homme) aura du mal à mener à bien ses projets (position de la Maison négative), mais conclura facilement des ventes (position du Vaisseau positive). Par exemple, la Maison (4) + l'Homme (28) + le Vaisseau (3).

Exemple 2

La consultante (Femme) aura du mal à réaliser des ventes (position du Vaisseau négative) mais ressentira un sentiment d'accomplissement (position de la Maison positive). Par exemple, la Maison (4) + la Femme (29) + le Vaisseau (3).

Les tirages

Le *Mademoiselle Lenormand Collector* permet de créer une variété de tirages. Voici plusieurs options selon la question posée et le nombre de cartes utilisées.

Tirage à une carte – une carte par jour

Chaque matin, mélangez vos cartes avec l'intention de choisir une carte révélant une situation susceptible de se produire au cours de la journée ou de créer le thème du jour. Une fois que votre intention est clairement définie, prenez la première carte du paquet.

Réfléchissez à sa signification puis, au fur et à mesure de la journée, reconnaissez son essence dans les tâches quotidiennes.

Exemple 1

Carte quotidienne : l'Enfant

Les enfants occupent-ils une partie de votre journée ? Celle-ci est-elle plus fluide que la normale ? Avez-vous le sentiment d'être plus enjoué ? Lorsque vous remarquez l'Enfant dans votre journée, réfléchissez à votre ressenti à ce moment précis. Vous sentez-vous léger et lumineux ? Ou plus étourdi que d'ordinaire ?

Exemple 2

Carte quotidienne : le Renard

Quelque chose s'est-il mal passé au cours de la journée ? Remettez-vous en question les motivations ou les intentions des autres ? Avez-vous le sentiment que quelque chose est « inapproprié » ? Lorsque le Renard apparaît, observez votre réaction intérieure. Ressentez-vous des tensions ? Avez-vous le sentiment que votre intuition vous met en garde contre une action ?

Tirage à trois cartes

Mélangez les cartes et définissez une intention pour la question dont vous quêtez la réponse. Pendant que vous les battez, formulez clairement dans votre esprit une question ouverte. Une fois que vous êtes prêt, prenez les trois premières cartes et disposez-les en une seule rangée de gauche à droite.

La carte 1 représente le point de départ de votre réponse narrative. La carte 2 la développe, la carte 3 indique le résultat.

Exemple 1

« Comment va se dérouler ma journée ? »

Réponse : aujourd'hui, vous apprécierez (le Lys) votre cercle d'amis (le Jardin) et vous vous sentirez heureux de les avoir rencontrés (le Bouquet).

Exemple 2

« Comment va évoluer mon projet aujourd'hui ? »

Réponse : vous devrez fournir de nombreux efforts (les Oiseaux) pour faire avancer votre projet (le Vaisseau) mais ne le mènerez pas à son terme en une fois (la Souris).

Tirage à six cartes

La lecture des oracles Lenormand est plus facile si vous disposez de plusieurs sources d'information. Les influences se révèlent en mode actif *vs* passif selon la position des cartes. Celles-ci sont plus puissantes lorsqu'elles apparaissent au-dessus du Personnage ; leur « intensité » l'affecte davantage. Les cartes qui se trouvent au-dessous jouent un rôle de soutien. Ainsi, si le Serpent apparaît en haut du tirage, il pèsera lourdement sur la carte inférieure.

Mélangez votre paquet et définissez votre intention pour la lecture à six cartes. Réfléchissez à votre question, prenez les six premières cartes du paquet, puis disposez-les de gauche à droite en deux rangées de trois cartes.

Exemple

« Comment va évoluer ma relation avec mon partenaire ? »

Comment effectuer la lecture :

1. Lisez la première ligne sur un mode narratif.

   Vous tentez votre chance – le Dé (39) – plongez dans vos émotions – le Puits (38) – et sentez le déclin de la relation – la Souris (23).

2. Lisez chaque carte de la rangée supérieure conjointement à sa carte inférieure.

   Vous faites acte de foi en amour – le Dé (39) + le Cœur (24).

   Vous quêtez la vérité en profondeur – le Puits (38) + le Livre (26).

   Il y a un manque évident de communication – la Souris (23) + la Lettre (27).

Interprétation finale

Vous vous livrez à un acte de foi en amour (le Dé + le Cœur), tentez de comprendre un aspect de la relation (le Puits + le Livre) mais ne le communiquez pas à votre partenaire (la Souris + la Lettre).

Tirage à neuf cartes

Une lecture à neuf cartes est un extrait du grand tableau. Elle offre une description complète de la situation et permet de naviguer autour de ces neuf cartes pour mieux l'appréhender. Parvenir à une lecture fluide de ce tirage facilite la compréhension du grand tableau lorsque vous débutez les tirages importants. Il importe de noter si la carte du consultant ou celle du partenaire apparaît (ou les deux) car elles indiquent ce qui sera aisé (les cartes qui le précèdent) et ce qui réclamera davantage d'efforts (celles qui le suivent). Un Personnage dans le tirage révèle un jour actif (ou la période fixée) pour le consultant ou un rôle actif dans la situation. Son absence indique une journée passive ou une situation qu'il ne maîtrisera pas.

Mélangez le paquet et définissez votre intention pour le tirage basé sur une situation particulière avant de disposer les neuf cartes de gauche à droite en trois rangées de trois cartes.

Début

Fin

Comme nous l'avons vu dans la lecture à six cartes, les cartes « influentes » se situent dans la rangée supérieure. Il convient de procéder à la lecture de manière narrative tout en tenant compte du thème central (carte 5).

Comment réaliser la lecture :

1. Étudiez la carte 5 (le thème) qui offre la réponse globale à votre question.
2. Lisez de manière narrative la carte 1 + la carte 2 + la carte 3.
3. Lisez les six cartes supérieures du tirage comme dans le tirage à six cartes.
4. Lisez les six cartes inférieures comme dans le tirage à six cartes.
5. Effectuez la lecture de manière narrative en commençant par le début de la réponse (carte 1) jusqu'à sa conclusion (carte 9).

Les cartes de Personnage dans une lecture

Lorsqu'un ou deux significateurs apparaissent dans un tirage à neuf cartes, considérez les cartes qui les suivent comme des difficultés. Si un Personnage sort en premier (carte 1), il indique une participation active à la situation et une prise de contrôle. S'il apparaît à la fin (carte 9), il révèle un comportement passif et l'impact négatif de la situation sur le bien-être du consultant.

REMARQUE : si le Personnage regarde vers la gauche – la Femme (29) ou le Monsieur (28) – transposez verticalement les cartes de début et de fin. C'est-à-dire que la carte de départ se trouvera en haut à droite du tirage et la carte de fin, en bas à gauche.

Lors du tirage, retirez la carte du Personnage (carte 28 ou 29) et mélangez les cartes restantes. Prenez les huit premières cartes du paquet, remettez le significateur et mélangez à nouveau. Disposez les cartes de gauche à droite en trois rangées de trois.

Exemple

Une consultante s'interroge sur sa vie professionnelle après avoir été confrontée à des problèmes comportementaux de la part de ses collègues. La carte 29 apparaissant en haut à gauche du tirage, toutes les autres cartes sont considérées comme de mauvais augure. La carte de départ est le Cœur (24) et la carte de fin, l'Étoile (16).

Comment réaliser la lecture :

1. Découvrez ce qui est complexe (symbolisé par les cartes qui suivent le Personnage).
2. Découvrez ce qui est facile (symbolisé par les cartes qui le précèdent).
3. Découvrez de quelle manière la carte centrale répond à la question.
4. Lisez les trois premières cartes de manière narrative.
5. Lisez les six cartes des deux lignes supérieures comme dans le tirage à six cartes.
6. Lisez les six cartes des deux lignes inférieures comme dans le tirage à six cartes.
7. Lisez les cartes de manière narrative du début à la fin, en tenant compte de la direction de la lecture.

Exemple de lecture

1. Toutes les cartes représentent un défi car elles se trouvent derrière le significateur.
2. Rien ne se déroulera correctement (aucune carte ne le précède).
3. La carte centrale de la Montagne (21) indique que la consultante est confrontée à des ennemis dans son espace professionnel (ses collègues).
4. Le Cœur (24) et le Cercueil (8) révèlent qu'elle lutte pour continuer à apprécier son métier et a perdu tout espoir de redresser la situation.
5. Ses engagements lui pèsent : le Cœur (24) et l'Anneau (25) sont dans une position négative ; le Cercueil (8) et la

Montagne (21) annoncent son désir de quitter cet environnement hostile, la Femme (29) et la Croix (36) qu'elle se retrouve personnellement en difficulté.

6. L'Anneau (25) et l'Enfant (13) indiquent que le problème est lié au manque de sérieux de ses collègues, la Montagne (21), qu'ils créent des obstacles, et le Pont (41) sous la Montagne (21), lien entre l'Enfant (13) et l'Étoile (16), qu'ils oscillent entre infantilisme et comportement directif. La Croix (36) et l'Étoile (16) soulignent que la femme est préoccupée par l'orientation de l'entreprise.
7. En position négative, le Cœur (24) indique que son enthousiasme s'est tari et le Cercueil (8), qu'elle est prête à annoncer son « refus » de continuer. Les engagements représentés par l'Anneau (25) sont contrariés par la Montagne (21) et la Croix (36) induit sa souffrance. La puérilité symbolisée par l'Enfant (13) crée avec le Pont (41) la voie actuelle désignée par l'Étoile (16).

L'interprétation finale

La consultante éprouve de réelles difficultés dans son environnement professionnel. Le comportement puéril de ses collègues nuit à sa tâche, elle ne le supporte plus et est prête à remettre sa démission ; la décision est douloureuse, mais elle n'entrevoit aucune autre issue possible à l'heure actuelle.

Le grand tableau (GT)

Le grand tableau utilise les 36 cartes de l'oracle Lenormand traditionnellement disposées en quatre rangées de huit cartes plus quatre cartes à la base ou quatre rangées de neuf cartes. L'oracle *Mademoiselle Lenormand Collector* offrant des cartes supplémentaires au-delà des 36 traditionnelles, il est possible de réaliser à la fois le grand tableau traditionnel et le grand tableau flamboyant. Ce chapitre couvre les deux. Au terme du grand tableau, vous trouverez un guide de lisibilité rapide.

Il importe de fixer une période dans une lecture du grand tableau. Celle-ci comprend un nombre de mois identique à celui des cartes. Par exemple, huit rangées signifient huit mois, neuf rangées neuf mois, etc.

Le grand tableau traditionnel à 36 cartes

Contrairement aux idées reçues, le grand tableau (GT) est parfaitement adapté pour les débutants, la clé étant de se concentrer sur la narration comme dans le *Jeu de l'Espoir* et l'oracle Lenormand d'origine. Le lecteur est averti : « Ces cartes constituent un outil de divination divertissant. Mélangez le paquet, puis distribuez les cartes en quatre rangées de huit cartes, la dernière comprenant les quatre cartes restantes. Si le consultant est une femme, commencez par la carte 29 et étudiez celles qui se trouvent à côté et à proximité. Constituez une histoire à l'aide des informations fournies par les Personnages. Si le consultant est un homme, commencez par la carte 28 et lisez à nouveau les cartes proches. » La leçon la plus importante à tirer est qu'il importe avant tout de prendre du plaisir, de composer la trame du récit et de pratiquer la lecture avec légèreté.

Comment disposer les cartes

Retirez du paquet les cartes supplémentaires des Personnages et des Oiseaux. Mélangez les cartes restantes en posant votre intention de recourir au grand tableau pour les situations susceptibles de survenir au cours des huit prochains mois.

Lorsque vous avez défini votre intention, disposez vos cartes de gauche à droite en quatre rangées de huit, puis terminez avec quatre cartes à la base de l'ensemble. Mettez le reste du paquet de côté.

Si le significateur n'apparaît pas dans les 36 cartes, mélangez et disposez à nouveau les cartes.

Voir l'exemple aux pages 38-39.

Le grand tableau flamboyant

Le grand tableau flamboyant utilise toutes les cartes du paquet à l'exception des deux Personnages supplémentaires. Il se lit de la même manière que le grand tableau traditionnel à l'exception des quatre cartes supplémentaires de la rangée inférieure considérée comme la ligne de la destinée.

Comment disposer les cartes

Retirez les deux Personnages supplémentaires du paquet. Mélangez les cartes restantes et définissez votre intention pour les neuf prochains mois. Une fois cette intention posée, placez vos cartes de gauche à droite en quatre rangées de neuf cartes. Mettez les autres de côté.

Attention : le grand tableau flamboyant ne comprend pas de ligne de la destinée. Il est l'équivalent du format du GT 6 x 6 ou du format 9 x 4 de l'oracle Lenormand standard.

Remarque : les deux tirages du Grand Tableau de ce livre se lisent de la même manière. Voir l'exemple des pages 40-41.

26
LE LIVRE
15
L'OURS
17
LA CIGOGNE
42
LE MASQUE
13
L'ENFANT
6
LE NUAGE
28
L'HOMME
21
LA MONTAGNE
44
LA LOUPE
23
LA SOURIS
36
LA CROIX
25
L'ANNEAU
39
LE DÉ
20
LE JARDIN
3
LE VAISSEAU
11
LE FOUET
19
LA TOUR
41
LE PONT

32
LA LUNE
4
LA MAISON
22
LE CHOIX
18
LE CHIEN
31
LE SOLEIL
24
LE CŒUR
5
L'ARBRE
38
8
29
LA FEMME
10
LA FAUX
12
LES OISEAUX
14
LE RENARD
9
LE BOUQUET
30
LE LYS
1
LE CAVALIER
43
33
LA CLE

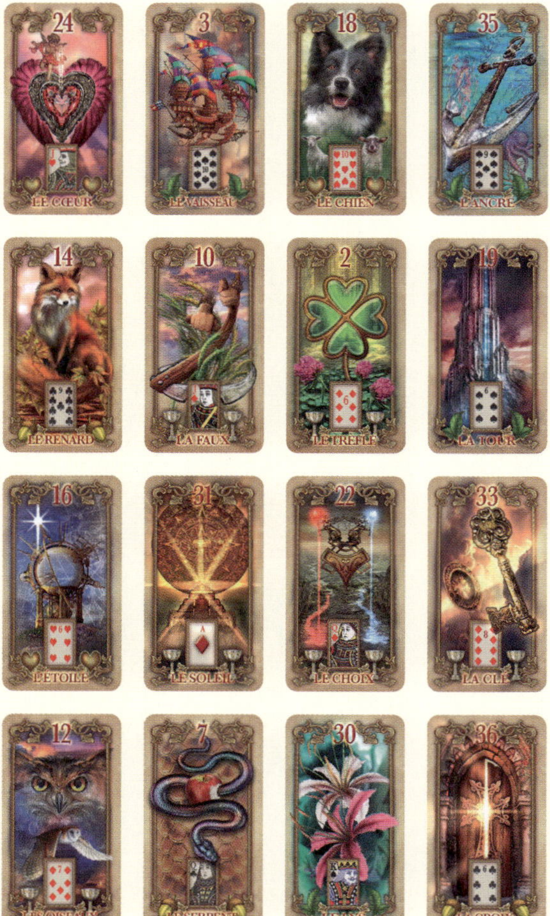
24
LE CŒUR
3
LE VAISSEAU
18
LE CHIEN
35
L'ANCRE
14
LE RENARD
10
LA FAUX
2
LE TREFLE
19
LA TOUR
16
L'ETOILE
31
LE SOLEIL
22
LE CHOIX
33
LA CLE
12
LES OISEAUX
7
LE SERPENT
30
LE LYS
36
LA CROIX

21
LA MONTAGNE
34
LE POISSON
27
LA LETTRE
20
LE JARDIN
29
LA FEMME
5
L'ARBRE
11
LE FOUET
12
LES OISEAUX
1
LE CAVALIER
17
LA CIGOGNE
15
L'OURS
26
LE LIVRE
8
LE CERCUEIL
13
L'ENFANT
28
L'HOMME
32
LA LUNE
4
LA MAISON
23
LA SOURIS
25
L'ANNEAU
6
LE NUAGE

Étape 1 : le consultant

Localisez la carte qui vous concerne ou concerne le consultant : l'Homme (28) pour les consultants/la Femme (29) pour les consultantes. Sa position indique le début du récit.

Si elle se trouve :

En haut du tirage : le consultant contrôle sa position. Si le Personnage apparaît dans la ligne supérieure du tirage, il suit son intuition et contrôle son avenir.

En bas du tirage : il se débat avec de nombreuses influences extérieures et peut être submergé par les préoccupations et les soucis qui surgissent dans la période fixée.

Première rangée : il mène son avenir de front ; cet avenir lui sera favorable car il l'affrontera l'esprit ouvert avec le désir d'une participation active.

Dernière rangée : il sera passif et sa vie se déroulera sans actions notables de sa part. La période sera pour lui problématique s'il ne s'empare pas des rênes et ne devient pas le pilote de sa propre existence.

Voir les pages 154-158 qui mettent en évidence les meilleures positions de l'Homme et de la Femme. Rappelez-vous que si le consultant est une femme, la lecture doit se réaliser de droite à gauche en suivant le regard du significateur ; si c'est un homme, de gauche à droite.

Étape 2 : les relations

Localisez la carte du partenaire dans le tirage. L'oracle Lenormand comprend une carte représentant le consultant ainsi que la carte d'un

« autre significateur ». Toutes les autres s'articulent autour d'elles comme s'il s'agissait d'aimants. Si vous, ou le consultant, n'avez pas un autre significateur, la « carte partenaire » signifie qu'un nouveau partenaire ou une personne jouant un rôle apparenté entrera dans votre vie. Dans une situation professionnelle, par exemple, vous pouvez avoir l'équivalent d'un « collaborateur » ou une personne susceptible d'impacter votre vie sur une base quotidienne. La carte partenaire peut représenter tout individu jouant un rôle important au cours de la période fixée ou influençant la vie du consultant de manière significative.

Il s'agit d'une lecture pour l'avenir ; ainsi, même si le consultant n'a pas de partenaire actuellement dans sa vie, quelqu'un jouera très probablement ce rôle dans le futur. L'Homme (28) et la Femme (29) sont les seules cartes de l'oracle Lenormand qui n'ont pas d'autre sens que celui de « personne ».

Les relations homosexuelles

Si vous réalisez une lecture pour un consultant engagé dans une relation homme/homme, l'Homme (28) sera le significateur et le Monsieur (28), sa carte partenaire. Si vous lisez pour une consultante impliquée dans une relation femme/femme, la carte Femme (29) sera son significateur, la Dame (29), sa carte partenaire.

La position des Personnages

Lorsque vous disposez les cartes, identifiez quelle carte partenaire sort en premier. Elle représente la personne qui aura la plus forte influence sur la relation au cours de la période fixée et dans la situation.

Règle d'or :

- Le partenaire dominant (au cours de la période fixée) se trouve au sommet du GT.
- Le partenaire passif (au cours de la période fixée) se trouve à la base du GT.
- Si les deux partenaires sont dans la même rangée, ils se croiseront physiquement (s'ils ne sont pas déjà en couple) ou travailleront ensemble.
- La proximité induit la positivité. Plus ils sont éloignés, moins les partenaires ont d'influence l'un sur l'autre.
- Deux partenaires qui se font face sont de bon augure pour la relation.
- S'ils sont assis dos à dos ou regardent dans des directions opposées, ils ne partagent pas le même point de vue ou consacrent peu de temps au lien qui les unit.

Dans l'illustration des pages 46-47, les deux partenaires se trouvent dans une position positive. L'Homme apparaît dans une rangée supérieure du tirage, indiquant son rôle majeur lors de la période fixée.

Aux pages 48-49, le Monsieur et l'Homme (relation homosexuelle) se tournent le dos. Ils se concentrent sur différents aspects de la vie et non sur leur relation.

Étape 3 : les cartes « avoisinantes »

Déterminez maintenant quelle situation sera la plus pressante ou affectera le plus le consultant. Le carré autour du significateur constitue le premier point d'appel du récit.

Reportez-vous aux instructions du tirage à neuf cartes pour lire les cartes qui l'entourent. Notez les situations de bon augure (les cartes qui précèdent le significateur) et de mauvais augure (celles qui le suivent).

N'oubliez pas : un grand tableau doit être ludique. Ne vous laissez pas submerger par le nombre de cartes, étudiez-les par groupes !

Afin de comprendre de quelle manière les cartes constituent un récit, il importe d'étudier leur signification.

Interpréter la signification

Imaginez le significateur – l'Homme (28) ou la Femme (29) – assis sur un rocher au bord d'un plan d'eau. L'eau s'écoule vers lui, parfois avec vigueur, d'autres fois en un doux clapotis. Lorsqu'elle frappe le rocher, elle se répand de part et d'autre, impactant les flaques environnantes et tout ce qu'elle emporte. Le significateur peut y plonger les mains, il n'arrêtera jamais son flux, mais pourra en revanche la disperser dans différentes directions.

La situation est comparable dans le GT. Les cartes supérieures influencent le significateur et affectent les cartes qui se trouvent à sa gauche et à sa droite. Celles-ci, ainsi que le significateur, peuvent à leur tour impacter les cartes de la ligne inférieure.

Exemple

Prenons une carte comme exemple.

Le Soleil (31) – dans les instructions d'origine, il est considéré comme une force vitale : « Sans le soleil, rien ne pousse ». Cela explique pourquoi plus il est proche du significateur, plus celui-ci a des chances d'évoluer, au même titre que les cartes qui l'entourent.

Imaginez maintenant que le Soleil se situe directement au-dessus du significateur avec le Cercueil (8) au-dessous. Le Soleil brille

26
LE LIVRE
15
L'OURS
17
LA CIGOGNE
42
LE MASQUE
13
L'ENFANT
6
LE NUAGE
28
L'HOMME
21
LA MONTAGNE
44
LA LOUPE
23
LA SOURIS
36
LA CROIX
25
L'ANNEAU
39
LE DÉ
20
LE JARDIN
3
LE VAISSEAU
11
LE FOUET
19
LA TOUR
41
LE PONT

32
LA LUNE
4
LA MAISON
22
LE CHOIX
18
LE CHIEN
31
LE SOLEIL
24
LE CŒUR
5
L'ARBRE
38
LE PUITS
8
LE CERCUEIL
29
LA FEMME
10
LA FAUX
12
LES OISEAUX
14
LE RENARD
9
LE BOUQUET
30
LE LYS
1
LE CAVALIER
43
LE LABYRINTHE
33
LA CLÉ

26
LE LIVRE
15
L'OURS
17
LA CIGOGNE
42
LE MASQUE
13
L'ENFANT
6
LE NUAGE
28
LE MONSIEUR
21
LA MONTAGNE
44
LA LOUPE
23
LA SOURIS
36
LA CROIX
25
L'ANNEAU
39
LE DE
20
LE JARDIN
3
LE VAISSEAU
11
LE FOUET
19
LA TOUR
41
LE PONT

32
LA LUNE
4
LA MAISON
22
LE CHOIX
18
LE CHIEN
31
LE SOLEIL
24
LE CŒUR
5
L'ARBRE
38
8
LE CERCUEIL
28
L'HOMME
10
LA FAUX
12
LES OISEAUX
14
LE RENARD
9
LE BOUQUET
30
LE LYS
1
43
33
LA CLÉ

pour encourager la croissance tandis que le Cercueil annonce une fin – la signification de ces deux cartes est quasiment opposée. Si vous attribuez à la carte son énergie (l'énergie de croissance pour le Soleil, celle de mort et de maladie pour le Cercueil), vous pouvez imaginer que le consultant connaîtra une croissance ou des sursauts d'énergie qui lui feront renoncer à certaines situations – sa croissance personnelle l'encourageant à mettre fin à ces situations.

Examinons maintenant la disposition du grand tableau des pages 52-53.

Les significations indiquées ci-dessus révèlent :

Le Soleil (31)	Croissance/énergie
Le Cercueil (8)	Mort/maladie
Le Cœur (24)	Amour/épanouissement
L'Arbre (5)	Maladie
La Faux (10)	Danger

Le Cœur est au-dessus de la Femme – en reprenant l'analogie de l'eau, l'amour se « répand » sur elle. Le Cœur touche à la fois le Soleil et l'Arbre. Cela suggère que l'amour qui la submerge est à la fois passionné (Soleil) et toxique (Arbre).

Les trois cartes qui se trouvent au-dessus s'associent et révèlent qu'elle est amoureuse, mais que cet amour peut lui nuire.

L'ajout du Cercueil et de la Faux

Le Soleil est entouré du Cœur et du Cercueil. L'amour s'épanouit, mais parallèlement, arrive à son terme – que cela signifie-t-il dans le langage quotidien ? Simplement que les élans amoureux dont bénéficie la Femme se révèlent souvent hostiles ! Vérifiez où se trouve l'Homme (28) à ce stade et quelle est sa motivation. Les cartes indiquent un amour fougueux, mais parfois toxique (il s'agit toujours d'amour si le Cœur est présent) et il faut désormais prendre conscience d'une inimitié symbolisée par le Cercueil. La femme est follement amoureuse, mais la puissance de cet amour (le Soleil proche du Cœur) la terrorise et lui fait perdre – légèrement – la raison (l'Arbre et la Faux au-dessous).

26
LE LIVRE
15
L'OURS
17
LA CIGOGNE
42
LE MASQUE
13
L'ENFANT
6
LE NUAGE
28
L'HOMME
21
LA MONTAGNE
44
LA LOUPE
23
LA SOURIS
36
LA CROIX
25
39
LE DÉ
20
LE JARDIN
3
LE VAISSEAU
11
LE FOUET
19
LA TOUR
41
LE PONT

32
LA LUNE
4
LA MAISON
22
LE CHOIX
18
LE CHIEN
31
LE SOLEIL
24
LE CŒUR
5
L'ARBRE
38
LE PUITS
8
LE CERCUEIL
29
LA FEMME
10
LA FAUX
12
LES OISEAUX
14
LE RENARD
9
LE BOUQUET
30
LE LYS
1
LE CAVALIER
43
LE LABYRINTHE
33
LA CLÉ

Ajout d'autres cartes

Le carré complet autour de la Femme (29) comprend :

Le Soleil (31)	Croissance/énergie
Le Cercueil (8)	Mort/maladie
Le Cœur (24)	Amour/épanouissement
L'Arbre (5)	Maladie
La Faux (10)	Danger
Le Renard (14)	Tromperie
Le Bouquet (9)	Bonheur
Le Lys (30)	Satisfaction/au-dessous – haute opinion de soi

En étudiant l'ensemble des cartes qui entourent le significateur, il est possible de conclure que la Femme est consciente des hauts et des bas de la relation (Soleil sur Cercueil sur Renard). Malgré ces difficultés, cet amour la rend follement heureuse (Bouquet au-dessous) et la comble (Lys). Mais si le Lys apparaît au-dessous, elle doit décider si ce bonheur (Bouquet à côté du Lys) est réel ou si elle est simplement présomptueuse et le désire pour la satisfaire !

Étape 4 : les influences

Les influences culminent avec les cartes de la seconde rangée (à partir du significateur). Voir pages 56-57.

Chaque carte du GT influence directement le récit, tout d'abord le significateur, puis chaque carte qui le suit (celle-ci ajoutant un nouvel élément). Analysez celles qui l'impactent directement.

Dans l'exemple du grand tableau, le Soleil, le Cœur et l'Arbre affectent la Femme. Les cartes qui entourent ces « cartes avoisinantes » affinent le contexte.

Commencez par le Soleil et étudiez les cartes qui l'influencent. Il est directement impacté par le Masque (42), la Lune (32) et la Montagne (21). Ces cartes indiquent que la consultante considère souvent à tort l'amour passionné comme un signe positif, la Montagne à côté du Soleil confirme que l'hostilité de son partenaire (la Montagne se trouve également à côté de l'Homme) a des conséquences sur l'évolution de la relation.

L'autre carte est le Cœur. Celui-ci est directement influencé par la Lune (32), la Maison (4) et le Choix (22) qui révèlent que l'amour ressenti par la consultante est lié à son besoin de vivre une relation épanouie. Leur présence brouille souvent la frontière entre les décisions saines et ce qui est bon pour elle (le Choix et l'Arbre).

Affinez le récit grâce aux cartes avoisinantes.

Étape 5 : la ligne de vision directe

Dans la cinquième étape (voir pages 190-191), nous poursuivons le récit afin d'expliquer de quelle manière il impactera la consultante sur une base quotidienne. La période fixée dans un grand tableau débute avec la colonne 1 (celle de gauche pour l'Homme, celle de droite pour la Femme). La rangée dans laquelle le significateur apparaît a pour nom « ligne de vision directe » ; elle explique l'évolution de la vie quotidienne du consultant. Comme dans une lecture à trois cartes, composez un récit en lisant les cartes dans l'ordre dans lequel elles apparaissent.

Dans l'exemple du grand tableau, la Femme regarde vers la gauche. Son histoire débute avec les Oiseaux (12) et s'achève avec la Loupe (44). La lecture se déroule en commençant par les Oiseaux,

26
LE LIVRE
15
L'OURS
17
LA CIGOGNE
42
LE MASQUE
13
L'ENFANT
6
LE NUAGE
28
L'HOMME
21
LA MONTAGNE
44
LA LOUPE
23
LA SOURIS
36
LA CROIX
25
L'ANNEAU
39
LE DÉ
20
LE JARDIN
3
LE VAISSEAU
11
LE FOUET
19
LA TOUR
41
LE PONT

32
LA LUNE
4
LA MAISON
22
LE CHOIX
18
LE CHIEN
31
LE SOLEIL
24
LE CŒUR
5
L'ARBRE
38
LE PUITS
8
LE CERCUEIL
29
LA FEMME
10
LA FAUX
12
LES OISEAUX
14
LE RENARD
9
LE BOUQUET
30
LE LYS
1
LE CAVALIER
43
LE LABYRINTHE
33
LA CLE

26
LE LIVRE
15
L'OURS
17
LA CIGOGNE
42
LE MASQUE
13
L'ENFANT
6
LE NUAGE
28
L'HOMME
21
LA MONTAGNE
44
LA LOUPE
23
LA SOURIS
36
LA CROIX
25
L'ANNEAU
39
LE DÉ
20
LE JARDIN
3
LE VAISSEAU
11
LE FOUET
19
LA TOUR
41
LE PONT

32
LA LUNE
4
LA MAISON
22
LE CHOIX
18
LE CHIEN
31
LE SOLEIL
24
LE CŒUR
5
L'ARBRE
38
LE PUITS
8
29
LA FEMME
10
LA FAUX
12
LES OISEAUX
14
LE RENARD
9
LE BOUQUET
30
LE LYS
1
LE CAVALIER
43
33
LA CLE

suivis de la Faux (10), de la Femme, du Cercueil (8), de l'Anneau (25), de la Croix (36), de la Souris (23) et enfin de la Loupe (44). Le récit est le suivant : la consultante vit une relation complexe, la Faux indique qu'elle posera éventuellement un ultimatum (« soit tu changes de comportement, soit je te quitte »), le Cercueil (8) qu'elle marque une pause, l'Anneau (25), qu'elle travaille sur l'engagement, la Croix (36), que celui-ci devient douloureux et enfin la Souris (23), que le lien se délite. Le récit s'achève avec la Loupe (44), ce qui signifie qu'elle cherche à savoir si cette relation lui convient.

Étape 6 : la ligne de la destinée

La « ligne de la destinée » est constituée des quatre cartes situées à la base du GT. Ces cartes étant considérées comme une explication de ce qui se passe dans la vie du consultant, ce dernier ne peut les influencer. Le significateur dans cette ligne indique que la situation dévoilée dans le grand tableau est totalement hors de son contrôle. La ligne de destinée peut aussi suggérer une situation qui a lieu en dehors de la période fixée. Par exemple, si vous interrogez les cartes concernant un déménagement dans les douze mois à venir, la présence de la Maison (4) ou de la Cigogne (17) dans la ligne de la destinée indique qu'il n'aura probablement pas lieu dans ce temps imparti.

Lisez la ligne de la destinée de gauche à droite (que vous réalisiez la lecture pour un consultant masculin ou féminin).

Dans l'exemple du grand tableau, la Tour (19), le Pont (41), le Labyrinthe (43) et la Clé (33) apparaissent dans cette ligne. Dans un scénario sur l'amour et l'univers relationnel, ils peuvent suggérer que l'amour durable annoncé par la Tour (19) connaîtra des divergences avec le Labyrinthe (43), qui impliqueront la confusion (le Labyrinthe et la Clé) ; par exemple, la relation initialement solide et durable débouchera sur une impasse.

Étape 7 : les détails

Au fur et à mesure du récit, vous pouvez étudier les cartes avoisinantes afin d'affiner le contexte. Dans la ligne de vision directe, les cartes de la rangée supérieure influencent toujours celles qui se trouvent au-dessous et celles de la rangée inférieure révèlent toujours une conséquence de ces « événements courants ». Détaillez le contexte en déroulant le récit et confirmez la situation en ajoutant de nouvelles cartes.

Étape 8 : les thèmes

La clé d'une narration fluide consiste à observer attentivement les cartes qui apparaissent les unes à côté des autres. Certains groupes de cartes confirment des situations spécifiques. Étudiez la liste ci-dessous et la possibilité d'utiliser l'une de ces combinaisons dans votre tirage. Notez que la lecture commence par la carte qui saisit le mieux l'essence de la situation. Par exemple, la Faux qui est la carte la plus « dangereuse » induit une « combinaison menaçante ».

THÉMATIQUE	COMBINAISON
Communication	Cavalier (1), Lettre (27)
Danger	Faux (10), Cercueil (8), Nuage (6), Croix (36), Montagne (21), Serpent (7), Renard (14), Fouet (11)
Famille/vie familiale	Maison (4), Chien (18), Lys (30), Cœur (24)
Amis	Jardin (20), Chien (18), Ours (16)

THÉMATIQUE	COMBINAISON
Finance	Maison (4), Poisson (34), Ours (15), Vaisseau (3), Ancre (35)
Bonheur	Cœur (24), Bouquet (9), Lys (30)
Santé	Tour (19), Arbre (5), Nuage (6), Cercueil (8)
Nouveautés	Cavalier (1), Bouquet (9), Livre (26)
Problèmes	Souris (23), Fouet (11), Cercueil (8), Renard (14), Montagne (21), Serpent (7)
Amour	Cœur (24), Anneau (25), Lys (30), Bouquet (9)
Mouvement	Vaisseau (3), Cigogne (17), Oiseaux (12)
Nouveau départ	Enfant (13), Cigogne (17), Trèfle (2)
Douleur	Arbre (5), Croix (36), Cercueil (8)
Ventes	Vaisseau (3), Ancre (35), Poisson (34)
Stress	Nuage (6), Souris (23), Oiseaux (12), Choix (22), Fouet (11)
Succès	Étoile (16), Maison (4), Ours (15), Lune (32), Clé (33), Ancre (35), Vaisseau (3), Soleil (31)
Tiers	Ours (15), Montagne (21), Renard (14), Serpent (7), Chien (18)
Travail	Lune (32), Vaisseau (3), Ancre (35), Oiseaux (12)

Étape 9 : le calendrier

Le grand tableau permet au lecteur de suivre un calendrier spécifique. Chaque colonne représente un mois (vous pourrez envisager des périodes plus longues une fois que vous serez plus expérimenté). La colonne 1 marque le début de la période fixée (à savoir le premier mois ; la colonne de droite pour la Femme, celle de gauche pour l'Homme – voir pages 22-26).

Lisez chaque colonne verticalement (de haut en bas) et déroulez un récit confirmant ce qui surviendra chaque mois. Il importe de vous référer à votre ligne de vision directe. Les cartes apparaissant dans cette ligne indiquent les événements mensuels ; les cartes au-dessus et au-dessous les précisent.

Exemple

Dans le grand tableau, la rangée du mois 1 révèle :

Le Chien (18), le Puits (38), les Oiseaux (12), le Cavalier (1)

Les Oiseaux apparaissent dans la ligne de vision directe, confirmant que le mois sera l'objet d'un travail acharné. Le Chien et le Puits influencent les cartes de la rangée inférieure, suggérant l'aide d'un ami pour un approfondissement. Sous la carte révélant l'importante somme de travail, le Cavalier annonce que des nouvelles surgiront une fois que les efforts nécessaires auront été accomplis.

Exemple d'interprétation du mois 1

La consultante demande l'avis d'un ami qui l'aidera à découvrir ce qu'elle attend réellement de la relation. Une fois ce travail terminé, elle recevra de nouvelles informations.

Lisez chaque colonne une à une (offrant ainsi un aperçu mois par mois) dans la direction du regard du significateur.

Guide de lisibilité rapide

Lisibilité rapide des mots-clés Lenormand

Cavalier (1)	Nouvelles	De bon augure
Trèfle (2)	Chance	De bon augure
Vaisseau (3)	Commerce	De bon augure
Maison (4)	Succès	De bon augure
Arbre (5)	Santé	De mauvais augure
Nuage (6)	Difficultés	De mauvais augure
Serpent (7)	Trahison	De mauvais augure
Cercueil (8)	Malheur	De mauvais augure
Bouquet (9)	Bonheur	De bon augure
Faux (10)	Danger	De mauvais augure
Fouet (11)	Disharmonie	De mauvais augure
Oiseaux (12)	Efforts	De mauvais augure
Enfant (13)	Facilité	De bon augure
Renard (14)	Tromperie	De mauvais augure
Ours (15)	Bonne fortune, convoitise	De bon augure
Étoile (16)	Prophétie	De bon augure

Cigogne (17)	Changement	Neutre
Chien (18)	Loyauté	Neutre
Tour (19)	Longévité	De bon augure
Jardin (20)	Sociabilité	Neutre
Montagne (21)	Obstacles	De mauvais augure
Choix (22)	Décisions	De mauvais augure
Souris (23)	Perte	De mauvais augure
Cœur (24)	Bien-être	De bon augure
Anneau (25)	Engagement	De bon augure
Livre (26)	Secrets	De mauvais augure
Lettre (27)	Communication	De bon augure
Homme (28)	Consultant ou Partenaire	Neutre
Femme (29)	Consultante ou Partenaire	Neutre
Lys (30)	Euphorie	De bon augure
Soleil (31)	Force vitale	De bon augure
Lune (32)	Reconnaissance	De bon augure
Clé (33)	Succès assuré	De bon augure
Poisson (34)	Abondance	De bon augure
Ancre (35)	Vie réussie	De bon augure
Croix (36)	Chagrin	De mauvais augure

Temps (37)	Temps	Neutre
Puits (38)	Dimensions cachées	Neutre
Dé (39)	Pari	Neutre
Boussole (40)	Direction	Neutre
Pont (41)	Connexion	Neutre
Masque (42)	Déguisement	De mauvais augure
Labyrinthe (43)	Casse-tête	De mauvais augure
Loupe (44)	Mise au point	Neutre

Lisibilité rapide de trois cartes

Disposez trois cartes.

1. La carte 1 constitue le début du récit.
2. Les cartes 2 et 3 son prolongement.

Lisibilité rapide du grand tableau

Disposez votre GT dans une configuration 8 x 4 + 4 (quatre rangées de huit cartes, plus la ligne de la destinée).

1. Localisez le significateur et analysez sa position au sein du tirage.
2. Localisez le partenaire et analysez la relation.
3. Lisez les cartes entourant le significateur.
4. Lisez les cartes de la seconde rangée/colonne (à partir du significateur) et ajoutez-les à votre récit.
5. Lisez la ligne de vision directe sur un mode narratif.

6. Lisez la ligne de la destinée comme un récit de gauche à droite.
7. Ajoutez des cartes à votre récit au fur et à mesure de la lecture et confirmez la situation.
8. Lisez les thèmes qui se présentent.
9. Déroulez le récit colonne par colonne.

Lisibilité rapide du grand tableau flamboyant

Disposez votre grand tableau dans un tirage 9 x 4 (quatre rangées de neuf cartes).

1. Localisez le significateur et analysez sa position au sein du tirage.
2. Localisez le partenaire et analysez la relation.
3. Lisez les cartes entourant le significateur.
4. Lisez les cartes de la seconde rangée/colonne (à partir du significateur) et ajoutez-les à votre récit.
5. Lisez la ligne de vision directe sur un mode narratif.
6. Lisez la ligne de la destinée comme un récit de gauche à droite.
7. Ajoutez des cartes à votre récit au fur et à mesure de la lecture et confirmez la situation.
8. Lisez les thèmes qui se présentent.
9. Déroulez le récit colonne par colonne.

LES CARTES

Signification : nouvelles
Présage : de bon augure

Signification traditionnelle

Lorsqu'il n'est pas entouré de cartes négatives, le Cavalier est une carte favorable. S'il est proche de l'Homme ou de la Femme, il est porteur de bonnes nouvelles immédiates. Pour les appréhender, il convient d'observer les cartes avoisinantes et leur message.

Image

Avant l'invention du service postal, les coursiers constituaient l'épine dorsale des échanges. Ici, le destrier est au galop, les sabots avant dressées ; il se dirige vers le consultant ! Le messager porte un document scellé.

Travail

Toute vie professionnelle implique la réception de courriels, de messages et d'une correspondance écrite sous toutes ses formes. Si la Lune (32) est à proximité, le Cavalier prédit des nouvelles positives sur le front du travail.

Amour

Toute relation a besoin d'imprévus pour entretenir la flamme. Avec le Cœur (24), le Bouquet (9) et l'Anneau (25), une demande en mariage se profile. Il convient toutefois de se méfier de cette information si des cartes négatives entourent le Cavalier.

Santé

Le Cavalier parle de pronostics et de résultats dans un avenir proche. À moins d'être encadré de cartes négatives, il annonce toujours une issue positive.

Conseils

Des nouvelles se profilent aujourd'hui ! Attendez-vous à recevoir un colis ! Transmettez votre message.

Note

Le Cavalier indique des informations entrantes, allant du courriel aux messages privés. Il est de bon augure, mais peut être affecté négativement par les cartes avoisinantes. Le message arrivera rapidement s'il côtoie l'Homme ou la Femme. Assimilez-le à une information imminente - des nouvelles, bien sûr - mais aussi à l'étincelle propre à activer une situation inédite.

MOTS-CLÉS

Nouvelles
Mise à jour
Messager

Signification : chance
Présage : de bon augure

Signification traditionnelle

Le Trèfle est également un porte-bonheur ; en revanche, il est annonciateur d'une grande douleur à proximité du Nuage (6). Lorsque le Trèfle et le Nuage sont proches du Personnage, cette douleur sera éphémère. Soyez attentif au Trèfle et à sa proximité avec les cartes de l'Homme ou de la Femme. Lorsque le Nuage est à côté du Trèfle mais éloigné du Personnage, les turbulences peuvent persister. S'ils sont proches, celles-ci se dissiperont rapidement.

Image

Le Trèfle révèle sa capacité à recouvrir rapidement le sol malgré ses feuilles de petite taille. Loin du Nuage, il devient un trèfle à quatre feuilles !

Travail

Une once de chance est toujours la bienvenue. Le Trèfle l'annonce et améliore la vie professionnelle.

Amour

Le Trèfle prédit des événements heureux. Pas aussi décisifs qu'une demande en mariage, mais suffisamment intenses pour insuffler un moment de bonheur.

Santé

Loin du Nuage (6), le Trèfle suggère une amélioration de l'état de santé. S'agissant de résultats d'analyse, il indique que tout va bien (test sanguin positif, etc.). En revanche, la proximité du Nuage peut annoncer une maladie.

Conseils

C'est votre jour de chance ! Celui des petites victoires ! Savourez les plus petits détails !

Note

Le Trèfle est un porte-bonheur. Telle une révélation, il apparaît et tout devient favorable. Il illumine les cartes avoisinantes. La perspective change uniquement si le Nuage est proche.

MOTS-CLÉS

Bonne fortune

Succès

Résultats positifs

Signification : commerce

Présage : de bon augure

Signification traditionnelle

Symbole du commerce, le Vaisseau indique une grande richesse acquise grâce à une activité commerciale ou à un héritage ; proche du Personnage, il annonce un voyage. Mais s'il est entouré de « cartes professionnelles » comme la Lune (32), le Poisson (34) ou l'Ancre (35), attention à ne pas conclure trop rapidement à un déplacement physique.

Image

Toutes voiles dehors, le Vaisseau file à travers les cieux et suggère des opportunités. Il fend l'éclatante couverture nuageuse sans rencontrer d'obstacles.

Travail

Le Vaisseau symbolise les revenus et la rentabilité. Il peut également indiquer des voyages professionnels et des questions liées aux récompenses financières. Si une entreprise désire connaître ses ventes prévisionnelles, il prédit leur importance.

Amour

Le Vaisseau est annonciateur d'un mouvement dans la vie amoureuse ; il peut suggérer une escapade romantique si le Cœur (24) est proche, mais révèle plus probablement un déferlement positif au sein de la relation.

Santé

Lors de l'attente de résultats d'analyse, le Vaisseau signifie généralement un retour à la normale des valeurs de référence. Il peut également annoncer un problème de santé lié au mouvement. La Montagne (21) proche indique un flux bloqué ; par exemple, la combinaison Cœur (24)/Vaisseau/Montagne peut suggérer le blocage d'une artère.

Conseils

Réalisez des ventes ! Vous en tirerez des bénéfices aujourd'hui ! Accordez-vous une journée !

Note

Le Vaisseau est annonciateur de prospérité, de transactions réussies et d'apport financier. Proche de l'Homme ou de la Femme, il peut prédire un voyage ; mais il indique généralement la réussite d'une entreprise et un afflux de liquidités.

MOTS-CLÉS

Ventes
Affaires
Transaction
Voyage

Signification : succès
Présage : de bon augure

Signification traditionnelle

La Maison représente le succès dans toutes les entreprises ; elle est synonyme d'amélioration, y compris dans une situation peu propice. En revanche, si elle sort au-dessous du Personnage et au milieu du tirage, il convient de se méfier de son entourage. La Maison symbolise la sécurité. La seule fois où elle peut constituer une menace pour son environnement et ses entreprises est lorsqu'elle apparaît dans les quatre cartes centrales du grand tableau avec le significateur au-dessus d'elle.

Image

Une belle demeure bleue au toit rouge se dresse au fond d'une allée ourlée de conifères. Son propriétaire florissant connaît une réussite à la fois relationnelle et professionnelle.

Travail

La Maison est une carte de bon augure dans une lecture axée sur le domaine professionnel ou financier. En tant que carte de construction, elle peut également représenter un bureau, un immeuble ou une société. Quelle qu'elle soit, l'entreprise menée sera couronnée de succès.

Amour

Si l'amour était rare voire inexistant ces derniers temps, la Maison annonce une embellie immédiate. Pour les couples, elle assure l'épanouissement.

Santé

Le corps est rechargé et prêt à l'action ! La Maison symbolise le terme d'une maladie et un corps en pleine possession de ses moyens.

Conseils

Tout va se dérouler parfaitement !

Note

La Maison annonce une période où tout va pour le mieux dans le meilleur des mondes. La situation à l'origine du questionnement connaîtra une amélioration.

MOTS-CLÉS

Réussite

Environnement

Tout va bien !

Signification : santé

Présage : de mauvais augure

Signification traditionnelle

Loin du Personnage, l'Arbre est un présage de bonne santé. Mais attention, il n'est positif que s'il en est éloigné. À proximité, il draine l'énergie des cartes avoisinantes.

Image

Un arbre vigoureux s'épanouit, ses branches s'ornent d'un épais feuillage. Ses racines racontent toutefois une autre réalité : s'il prospère, il projette en effet des ombres qui bloquent la lumière du soleil et épuisent les nutriments du sol. Plus il est proche de l'Homme ou de la Femme, plus il consume leur bien-être.

Travail

La vie professionnelle procure souvent un sentiment d'épuisement. L'Arbre révèle des activités qui monopolisent une grande partie de l'énergie. Lorsqu'il est proche de cartes symbolisant le domaine professionnel comme le Vaisseau (3), la Lune (32), le Poisson (34) ou l'Ancre (35), il prédit un déclin des ventes, une dévalorisation de la reconnaissance, une réduction des finances et des transactions.

Amour

L'amour peut blesser, mais l'Arbre n'est pas annonciateur de douleur ; il suggère simplement une saine dose d'apathie. Les relations conflictuelles, notamment avec le Fouet (11), épuisent et étouffent l'étincelle de l'amour.

Santé

Dans une lecture sur la santé, l'Arbre indique sa dégradation. Il annonce la fatigue, l'épuisement et la maladie. L'avertissement s'amplifie lorsque le Cercueil (8), la Croix (36) ou le Nuage (6) sont à proximité.

Conseils

Accordez-vous un congé maladie ! Libérez-vous de tout ce qui doit être abandonné !

Note

L'Arbre seul n'est pas signe d'une mauvaise santé, mais confirme un lourd fardeau sur les cartes avoisinantes. À l'image du Nuage qui sème le trouble, il annonce une situation nuisible et épuisante.

MOTS-CLÉS

Drainage
Maladie
Épuisement
Fatigue

Signification : difficultés
Présage : de mauvais augure

Signification traditionnelle

Si son côté lumineux fait face au Personnage, le Nuage est un signe favorable ; s'il lui révèle sa face obscure, les problèmes vont surgir. Le Nuage est sans aucun doute la carte la plus troublante de l'oracle Lenormand. Sa nature peut assombrir jusqu'aux cartes les plus positives comme le Trèfle (2) et la Tour (19).

Image

La lumière éclatante du soleil déchire les nuages d'orage. Les plus sombres sont zébrés d'éclairs et la tempête balaye le ciel. Les cartes à la gauche du soleil sont impactées négativement ; à sa droite, elles symbolisent l'apaisement – la tempête va culminer, avant de laisser place à un ciel limpide et lumineux.

Travail

Le Nuage est annonciateur de turbulences dans tous les domaines de la vie, d'un sentiment de confusion et d'agitation. S'il sort en premier dans le tirage et est suivi de cartes positives, la situation s'améliorera. S'il apparaît à la fin, elle s'achèvera dans la tourmente.

Amour

Le Nuage prédit une vie amoureuse tumultueuse, empreinte de doutes concernant les émotions de son partenaire. Avec le Fouet (11), il met en garde contre de nombreux désaccords ; avec le Lys (30), il peut soulever des interrogations sur la fidélité.

Santé

Le Nuage annonce une santé difficile, notamment si la Tour (19) l'accompagne. La foudre dans les nuages d'orage révèle des désordres corporels.

Conseils

Attention à l'instabilité ! Soyez à l'affût des désagréments !

Note

Pour bien appréhender le Nuage, il importe de comprendre son impact sur les autres cartes du tirage. Avec le Trèfle (2), il est annonciateur d'événements malheureux, avec l'Étoile (16), de situations difficiles. Observez la carte qui se trouve à sa droite pour appréhender l'évolution de la situation.

MOTS-CLÉS

Enjeux
Confusion
Ambiguïté
Problèmes
Instabilité
Mauvais temps

Signification : trahison

Présage : de mauvais augure

Signification traditionnelle

Le Serpent est toujours annonciateur de malchance. Il symbolise la tromperie, l'infidélité et la peine. Dans l'oracle Lenormand, il est irrémédiablement toxique. Sa présence à côté d'un Personnage invite à s'interroger sur les motivations de ce dernier, notamment si le Lys (30) apparaît au-dessous.

Image

Un serpent aux reflets irisés joue les tentateurs en mordant dans le fruit défendu, promettant la sagesse à ceux qui le goûtent. Dans l'oracle Lenormand, il cherche à manipuler le lecteur à son profit.

Travail

Un serpent ondulant dans l'herbe, un collègue feignant l'amitié, un concurrent curieux des pratiques commerciales de l'intéressé. Le Serpent est toujours synonyme de préjudices.

Amour

Le Serpent induit la méfiance. La relation sert-elle les intérêts du consultant ? S'il apparaît dans une lecture sur l'amour, il est conseillé de cesser de voir la vie en rose et d'accorder foi à sa conviction intime que quelque chose n'est pas forcément ce qu'il paraît.

Santé

Tout n'est pas comme il le semble. Le Serpent peut mettre en évidence ce qui dessert les fonctions corporelles.

Conseils

Prenez garde ! Soyez attentif ! N'ayez pas foi en tout ce qui vous est dit !

Note

De nombreux lecteurs utilisent le Serpent comme carte de Personnage, mais ne vous laissez pas abuser ! Il peut révéler des situations hostiles. Il invite à considérer chaque information avec prudence et à remettre en question sa propre perception de la réalité.

MOTS-CLÉS

Mensonges
Trahison
Perfidie
Mauvais présage

Signification : malheur
Présage : de mauvais augure

Signification traditionnelle

Le Cercueil est porteur de malheur. S'il est proche du Personnage, il peut indiquer une maladie grave, un décès et la ruine. S'il en est éloigné, le danger s'amenuise. Le Cercueil révèle une fin ultime. À côté de la Croix (36), il est annonciateur d'une grande douleur. Mais il ne se limite pas uniquement à la fin de la vie. Toutes les situations doivent prendre fin.

Image

Le Cercueil est le symbole ultime de la mort. Il incarne les dénouements. Ce qui était connu jusqu'alors va changer radicalement.

Travail

Le Cercueil ne révèle pas toujours la fin d'une fonction. Si la Faux (10) et la Lettre (27) sont proches, il peut être interprété comme une perte d'emploi. Au début d'un tirage, il permet de saisir l'évolution de la situation et son impact. S'il sort en dernier, il signifie une fin définitive.

Amour

Le Cercueil met en lumière une relation mouvementée, notamment si le Nuage (6) est proche. Lorsqu'une relation commence à se déliter, le Cœur (24), le Cercueil (8) et la Croix (36) prédisent un chagrin d'amour. Si des cartes positives l'entourent et qu'il est éloigné du Personnage, la relation évoluera sur un terrain plus stable.

Santé

Une maladie grave se profile si le Cercueil est proche du Personnage. L'Arbre (5), la Tour (19) et le Nuage (6) appellent à consulter.

Conseils

Mettez un terme à tous vos projets ! Annulez tous vos rendez-vous !

Note

Le Cercueil suscite la peur chez de nombreux lecteurs. Or, il peut annoncer une fin sans gravité, comme une case cochée sur une liste de tâches à accomplir ou une pause afin de rassembler toute son énergie.

MOTS-CLÉS

Décès

Maladie

Fins

Signification : bonheur
Présage : de bon augure

Signification traditionnelle

Lorsque le Bouquet apparaît, tout va se dérouler à la perfection. La simplicité souligne la beauté de ses fleurs. Il confirme un bonheur proche, l'obtention du résultat souhaité et que tout ira bien.

Image

Un élégant bouquet de fleurs illumine la carte. Offertes, les fleurs suscitent les sourires, la joie et le bonheur et donnent le sentiment d'être aimé et en sécurité. Cette carte éclatante et légère confirme que la situation évoluera dans la bonne direction.

Travail

Tous les espoirs se réalisent. Le succès des objectifs professionnels se profile à l'horizon.

Amour

En amour et dans les relations, il est fréquent d'éprouver un sentiment d'insécurité et de craindre une issue malheureuse. Avec le Bouquet, la relation prend la direction souhaitée. Si l'Anneau (25), le Cavalier (1) et le Cœur (24) sont proches, une demande en mariage est envisageable !

Santé

Lorsque le Bouquet apparaît aux côtés de cartes de santé difficiles telles que l'Arbre (5), le Cercueil (8), la Tour (19) et le Nuage (6), il révèle l'existence de problèmes, mais ceux-ci demeurent mineurs.

Conseils

Soyez heureux ! Savourez votre journée ! Profitez-en le mieux possible !

Note

Le Bouquet annonce le bonheur sous de nombreuses formes, du cadeau concret à un simple compliment sur l'apparence.

MOTS-CLÉS

Bonheur

Bien-être

Cadeaux

Signification : danger
Présage : de mauvais augure

Signification traditionnelle

La Faux révèle un danger lorsqu'elle est proche du Personnage ; éloignée, elle indique ce danger pour quelqu'un (ou quelque chose) dans la vie du consultant. La Faux avertit de la vulnérabilité d'une situation. Dans une lecture, elle met en garde contre des dangers à venir et fait peser sur les cartes qui l'entourent la conscience d'un danger.

Image

Deux mains puissantes enserrent une faux qui tranche les épis de blé mûrs. Les cartes avoisinantes sont mises en danger pour un motif sérieux. Personne ne voit venir la Faux qui est aussi rapide que brusque.

Travail

La Faux annonce de nombreuses « coupes » dans l'univers professionnel, par exemple une indemnité de départ réduite à proximité du Vaisseau (3), du Poisson (34) et de l'Ancre (35) ; lorsqu'elle est proche des cartes de « travail », elle implique des réductions financières. Elle appelle toujours à la méfiance et à s'interroger sur ce qui pourrait être « amputé ».

Amour

La Faux n'est pas une carte « souhaitable » dans une lecture sur la vie amoureuse. Elle invite toujours à la vigilance. Proche du Cœur (24), elle annonce une fin brutale des sentiments. Si l'Anneau (25) est à proximité, une rupture se profile.

Santé

La Faux désigne un danger pour la santé et des modifications soudaines au niveau du bien-être. Elle peut révéler des procédures invasives, telles que la chirurgie, et également prédire un accident.

Conseils

Faites preuve de prudence ! Soyez vigilant !

Note

Près du Personnage, la Faux symbolise toujours la difficulté. Si elle est éloignée, le danger persiste, mais vise quelqu'un ou quelque chose dans la vie du consultant.

MOTS-CLÉS

Danger
Rupture
Accident
Avertissement
Soudaineté

Signification : disharmonie
Présage : de mauvais augure

Signification traditionnelle

Le Fouet annonce la discorde au sein de la famille, des chagrins dans la sphère domestique, une dissension entre époux, une fièvre ou une maladie à venir. Lorsqu'il apparaît entre deux Personnages, il suggère des conflits et un manque d'harmonie. Il affecte le bien-être de la cellule familiale. La disharmonie peut s'insinuer sous de nombreuses formes allant de la maladie à des influences extérieures.

Image

Si le « chat à neuf queues » est apparemment au repos, il est prêt à s'abattre. En cas de discorde, le fouet peut frapper de multiples façons ; il peut lacérer la peau, mais aussi infliger des ecchymoses et des brûlures. Lorsque le conflit s'installe, il indique une remise en question totale de ses relations et des motivations de son entourage.

Travail

Le Fouet annonce tous les problèmes possibles. Il est signe de discorde ; avec lui, l'espace professionnel devient un lieu hostile.

Amour

Il appelle à surveiller son langage et à ne pas soulever de problèmes au sein de la relation. Le Fouet est évocateur de disputes, de conflits, de désaccords et d'un tourbillon d'émotions.

Santé

Le Fouet annonce la fièvre et la maladie. Celle-ci sera mineure à moins que le Cercueil (8) l'accompagne. Dans une lecture sur la santé, l'absence du Nuage (6) est souhaitable !

Conseils

Tenez bon ! Les dissensions sont inévitables !

Note

Le Fouet est une carte négative. Il annonce un désaccord mais aussi que chacun, au sein de la relation, punit l'autre. De nombreux lecteurs sont déconcertés par son association avec la maladie ; il s'agit également d'une forme de dissonance qui peut annoncer une fièvre, une toux ou une maladie similaire. En cas de doutes, il convient d'étudier les cartes qui l'entourent. En cas de maladie, la proximité de l'Arbre (5) est positive ; le Lys (30) indique des bouleversements domestiques.

MOTS-CLÉS

Discorde
Problèmes domestiques
Maladies

Signification : efforts
Présage : de mauvais augure

12
7
LES OISEAUX

Signification traditionnelle

Les Oiseaux proches du Personnage annoncent de grands efforts et des fardeaux, mais aussi que ceux-ci seront éphémères. À distance, ils prédisent un voyage heureux. Leur présence indique la certitude d'un combat difficile et stressant. La charge de travail ou le fardeau s'allégera uniquement si le Personnage est éloigné.

Image

Nous sommes honorés de proposer dans cet oracle deux cartes d'Oiseaux, chacune nuançant la signification de l'effort et du fardeau. Tandis que le hibou, beau et sage, travaille pour acquérir la connaissance, les oiseaux bleus exotiques confirment la nécessité de multiplier les efforts pour se présenter aux autres. Tous deux révèlent qu'il importe de ne pas ménager sa peine dans la situation actuelle, que ce soit en écoutant son savoir intérieur (le Hibou) ou en gonflant ses plumes et en retroussant ses manches (les Oiseaux bleus exotiques).

Travail

L'heure a sonné de consacrer son temps et son énergie à sa vie professionnelle. Les Oiseaux symbolisent l'importance de la liste de tâches à accomplir et l'obligation de redoubler d'efforts pour respecter les délais impartis.

Amour

Avec les Oiseaux, les relations et l'amour sont censés être fluides. Ils confirment la nécessité de faire des efforts dans la relation actuelle afin de retrouver son équilibre.

Santé

Le stress impose une pression supplémentaire. Souvent, les « maladies » qui lui sont attribuées ne lui sont pas directement liées ou ne sont pas prises en compte. Les Oiseaux soulignent l'importance de contrôler sa tension artérielle, de pratiquer la méditation et d'apprendre à se détendre.

Conseils

Déployez les efforts nécessaires aujourd'hui !

Note

Les Oiseaux impliquent de nombreux efforts. Plus ils sont éloignés du Personnage, moins il est nécessaire de mobiliser son énergie ; s'ils sont très éloignés, ils indiquent un voyage plaisant. Le Vaisseau (3) proche de l'Homme ou de la Femme et éloigné des Oiseaux est l'assurance de vacances agréables. Imaginez que les Oiseaux de cette carte sont contraints de bâtir leur nid chaque année avec le plus grand soin… pour tout recommencer un an plus tard !

MOTS-CLÉS

Stress

Effort

Bouleversements

Voyage

Signification : facilité

Présage : de bon augure

Signification traditionnelle

L'Enfant symbolise les bonnes associations et la bienveillance à l'égard de tous. Il insuffle une vision juvénile du monde, des amis aimants et une famille qui ne porte aucun jugement. Il personnifie la vision naïve d'un monde empli de merveilleux moments, où tout le monde sert au mieux les intérêts de chacun. Nous avons tendance à perdre cet état d'esprit à mesure que nous vieillissons et découvrons le monde au travers de notre regard d'adulte. L'Enfant confirme la présence d'un cercle amical et familial solide autour de vous.

Image

Une enfant dort paisiblement avec son compagnon préféré, un ours en peluche synonyme de sécurité. Comblée par les merveilles de la vie, elle s'ouvre à un avenir qui n'est pas encore écrit.

Travail

Le réseautage et les collaborations constituent d'excellentes associations dans l'espace professionnel. C'est le moment d'envisager de nouveaux projets et de nouvelles perspectives.

Amour

La relation actuelle du consultant sert au mieux ses intérêts ; elle est ludique, aimante et sûre. Pour celui qui n'est pas encore en couple, une amitié peut se transformer en amour.

Santé

L'Arbre (5), le Fouet (11) ou le Cercueil (8) proches annoncent de nouvelles maladies ou les maladies typiques de l'enfance (varicelle, scarlatine, etc.). Si l'Enfant apparaît à la fin d'un tirage et est éloigné des cartes difficiles, il suggère une amélioration des symptômes.

Conseils

Entourez-vous de gens formidables ! Faites preuve de bienveillance envers les autres !

Note

L'Enfant ne représente généralement pas un enfant réel, sauf si la question porte spécifiquement sur une relation familiale. Il n'est pas considéré comme un Personnage à l'instar de l'Homme et de la Femme, mais évoque plutôt le regard bienveillant qu'un enfant pose sur le monde, ses amis, sa famille et ses connaissances. À côté du Personnage, il garantit l'humanité du consultant. Si la lecture est réalisée pour une personne qui a des enfants ou souhaite tomber enceinte, les cartes supplémentaires représentent la cellule familiale. Une prédiction de grossesse nécessite la proximité de la Cigogne (17), le bonheur conjugal, du Lys (30).

MOTS-CLÉS

Enfant

Enfance

Enfantin

Naïf

Innocent

Signification : tromperie

Présage : de mauvais augure

Signification traditionnelle

Le Renard suggère une trahison et invite à se méfier de ses relations. S'il est loin du Personnage, il ne représente aucun danger. À proximité, il confirme les mensonges. Il met en garde contre une inconvenance inhérente à une situation, un élément qu'il importe de surveiller de près. Qu'est-ce qui n'est pas discernable au premier regard ?

Image

Initialement, le renard ne paraît pas dangereux, mais accessible et docile. Dans l'oracle Lenormand, il met en évidence des situations dont personne ne soupçonne le danger. Le Serpent (7) trahit à l'envi, le Renard trompe pour sa survie.

Travail

Le Renard appelle à faire preuve de vigilance dans l'univers professionnel, mais aussi dans une situation ou avec une personne qui n'est pas ce qu'elle semble être, à surveiller son entourage, à rester en alerte et à toujours remettre en question ce qui est énoncé.

Amour

Le Renard révèle un problème dans les relations interpersonnelles. Il n'indique pas la trahison, mais l'ignorance de l'ensemble de l'histoire.

Santé

Le Renard indique les fluctuations du corps. Il convient d'écouter ses signaux et de ne pas utiliser de sources en ligne pour établir un diagnostic car celui-ci risquerait d'être erroné.

Conseils

Faites preuve de vigilance ! Une menace plane !

Note

Le Renard révèle un problème dans le cercle de confiance. Si le Serpent (7) frappe pour tuer, le Renard attaque sans qu'on le sache. Parce qu'il annonce une tromperie, il convient de surveiller les cartes avoisinantes – si l'Homme, la Femme ou l'Enfant (13) sont proches, il appelle à la vigilance et à vérifier les arrière-pensées. La Lettre (27) proche souligne l'impossibilité de faire confiance aux informations reçues.

MOTS-CLÉS

Tromperie
Inexactitude
Mensonge

Signification : bonne fortune, convoitise
Présage : de bon augure

Signification traditionnelle

L'Ours est un signe avant-coureur de bonne fortune. Il invite à éviter la compagnie d'autrui, notamment celle des envieux. Parfois, nous ressentons un sentiment d'accomplissement et obtenons de grands succès. L'Ours dépose la gloire à notre porte, mais nous avertit que certaines personnes seront loin de s'en réjouir. Il appelle à se méfier de celles auxquelles nous accordons notre confiance lorsque le destin tourne en notre faveur.

Image

Le grand ours brun chasse le poisson dans la rivière. Il attrape le saumon qui symbolise le Poisson (34) et les finances, et récolte sa manne. Les autres animaux peuvent considérer que celle-ci est suffisante au regard de sa taille ; ils envient sa prise et se demandent pourquoi la chasse n'est pas aussi heureuse pour eux.

Travail

L'Ours symbolise la récompense, un sentiment d'accomplissement dans le domaine professionnel. Les autres célèbrent-ils cette victoire ? Ou la jalousie s'immisce-t-elle ?

Amour

L'amour entre dans une phase propice et gratifiante. Mais cette embellie peut contrarier certains membres de l'entourage familial et amical.

Santé

L'Ours indique une bonne santé pouvant parfois s'accompagner de problèmes mineurs. Dans le cadre d'une lecture sur le thème de la santé, il s'avère globalement positif.

Conseils

La journée est étincelante ! Elle est vôtre !

Note

L'ampleur de la gloire annoncée par l'Ours est telle qu'elle peut amener l'entourage de « l'élu » à lui souhaiter de légers revers ! Le Nuage (6) indique des problèmes potentiels issus de son entourage. Le Renard (14) ou le Serpent (7) proches appellent à une vigilance particulière.

MOTS-CLÉS

Positivité
Chance
Jalousie
Convoitise

Signification : prophétie
Présage : de bon augure

Signification traditionnelle

L'Étoile annonce la chance. Proche du Nuage, elle révèle en revanche de nombreux événements malheureux. Comme les autres cartes de bon augure, elle indique la positivité et la marche à suivre. Avec le Nuage (6) à proximité, il faut s'attendre à vivre des heures sombres. Elle est souhaitable au-dessus du significateur pour indiquer une influence à la fois positive et fortuite.

Image

Dominé par l'Étoile du Nord étincelante, un instrument permet de plonger dans les profondeurs de la prophétie et de faire progresser sa vie. Il multiplie les étoiles, instantanés de bonne fortune, sources de positivité.

Travail

Les conditions de travail et les aspirations fortuites sont mises en évidence. C'est le moment idéal pour réfléchir à un futur avancement et à des objectifs professionnels.

Amour

L'Étoile prédit une relation bénéfique ; vous êtes avec la bonne personne ou en bonne voie pour la rencontrer.

Santé

L'Étoile incarne une attitude positive et une santé florissante. Dans l'attente d'un diagnostic, elle peut se référer aux capacités cognitives. Entourée de cartes négatives comme l'Arbre (5), le Cercueil (8) et le Nuage (6), elle remet en question les facultés mentales et la clarté des processus de pensée.

Conseils

Prédisez l'avenir ! Estimez votre chance !

Note

L'Étoile au-dessus du Personnage indique la présence d'un guide. Si elle en est éloignée, ce soutien sera compromis. La carte qui se trouve au-dessous révèle ce sur quoi il importe de se concentrer à l'avenir.

MOTS-CLÉS

Chance
Succès
Divination
Concentration
Influence positive
Prophétie

Signification : changement
Présage : neutre

Signification traditionnelle

La Cigogne annonce un changement. Plus elle est proche du Personnage, plus ce changement sera rapide. Au quotidien, elle peut représenter un nouvel itinéraire, présager de nouvelles tâches ou simplement révéler une évolution par rapport à la norme. La Cigogne est une carte neutre qui souligne les transformations pour le meilleur ou pour le pire. La direction de son vol indique ce qui va changer.

Image

En contre-plongée et en plein vol, deux cigognes se dirigent vers des horizons ensoleillés, abandonnant les nuées sombres dans leur sillage. Dans l'oracle Lenormand, la Cigogne annonce que la transition débouchera sur une amélioration.

Travail

Dans la vie professionnelle, il faut souvent s'adapter à une diversité d'évolution. Ce changement peut être drastique ou n'être qu'une simple fluctuation dans la routine neuf/dix-sept heures.

Amour

La Cigogne appelle à se montrer particulièrement attentif à la carte qui la suit si l'on est en couple. Si elle est positive, tout va pour le mieux. Sinon, la relation va se dégrader. Pour les célibataires, l'amour se profile si elle est suivie du Cœur (24) et de l'Anneau (25).

Santé

En cas de souffrance, la Cigogne annonce une évolution positive. Si l'Arbre (5), le Cercueil (8), le Nuage (6) ou le Fouet (11) sont proches, elle peut indiquer une maladie et concernant un diagnostic, toute fonction corporelle susceptible de devenir un facteur de changement.

Conseils

Agissez différemment ! Des changements sont en cours !

Note

Aucune qualité directionnelle n'est attribuée à la Cigogne. On croit généralement qu'un oiseau indique un changement par rapport à la situation présente. La carte vers laquelle elle se tourne (ou vole) révèle où surviendra ce changement.

MOTS-CLÉS

Changement
Altération
Transition
Grossesse
Déménagement

Signification : loyauté

Présage : neutre

Signification traditionnelle

Très proche du Personnage, le Chien est l'assurance d'amitiés fidèles et sincères. S'il en est éloigné et proche du Nuage (6), il invite à ne pas faire confiance à ses prétendus amis. Sa loyauté peut signifier qu'il est bénéfique de s'en tenir à ses habitudes.

Image

Le colley est intelligent et fidèle, à la fois au berger et au troupeau dont il assure la sécurité. Il appelle à croire en sa capacité à s'acquitter de ses fonctions. Il est un compagnon fidèle et le meilleur ami de l'homme.

Travail

Le Chien rappelle qu'il est possible de compter sur certains de ses collègues. La combinaison Chien/Vaisseau (3) assure la réussite des objectifs de vente ; la combinaison Chien/Lune (32) indique l'estime de ses collègues.

Amour

Le Chien n'est pas la carte rêvée dans un tirage sur l'amour. Il symbolise l'amitié et une relation platonique au sein du couple : l'absence du Cœur (24) invite à s'interroger sur son intimité. Pour les célibataires, il confirme qu'une relation restera dans le domaine de l'amitié.

Santé

Le Chien indique un état de santé dans la norme.

Conseils

Allez à la rencontre de vos amis ! Soyez loyal ! Menez vos activités habituelles !

Note

Rester fidèle à une personne ou une situation peut signifier le maintien du statu quo. La loyauté du Chien signifie souvent qu'il importe de s'en tenir à sa routine quotidienne et, si nécessaire, de faire appel à son cercle d'amis pour obtenir un soutien. Loin du Personnage et du Nuage (6) – notamment si le Serpent (7) est à proximité –, il indique la présence d'amis infidèles.

MOTS-CLÉS

Fidélité
Amitié
Dévotion
Fiabilité

Signification : longévité
Présage : de bon augure

Signification traditionnelle

La Tour prédit une vieillesse longue, heureuse et en bonne santé. Lorsqu'elle apparaît avec des cartes négatives, en particulier le Nuage (6), elle peut indiquer la période et la durée des problèmes. L'Arbre (5) menace de l'affaiblir ; dans un groupe réunissant le Cercueil (8), le Nuage (6), l'Arbre (5) et le Lys (30) ou la Cigogne (17), elle est annonciatrice d'une mort imminente.

Image

La Tour s'élève jusqu'aux cieux et est si haute que son sommet est invisible. Sa structure représente la cuirasse que nous développons avec l'âge. Son style Art déco est intemporel. Les deux statues qui la flanquent à sa base sont des adaptations d'un monument moscovite honorant Youri Gagarine, le premier homme à être allé dans l'espace.

Travail

La Tour représente un parcours professionnel sur le long terme, une position forte sur le marché du travail, un poste constant et permanent.

Amour

Une relation « heureuse pour l'éternité » ne peut exister sans la Tour. Lors de la quête de l'amour, elle est un signe de stabilité ; avec le Cœur (24), elle indique un amour durable.

Santé

Dans une lecture sur la santé, la Tour est cruciale. Elle est l'assurance d'une santé stable et de l'absence de tout problème à l'horizon. Toutefois, une carte négative à proximité, notamment le Nuage (6), l'Arbre (5), le Cercueil (8) ou le Fouet (11), peut appeler à porter une attention particulière à son corps et à consulter un médecin.

Conseils

La journée sera longue mais heureuse ! Mettez à profit tous ses instants !

Note

La Tour est essentielle dans chaque lecture du grand tableau (voir page 35). Sa proximité avec la carte du Personnage révèle si la situation actuelle est appelée à durer ou sera éphémère.

MOTS-CLÉS

Permanence
Durabilité
Bonne santé
Constance

Signification : sociabilité

Présage : neutre

Signification traditionnelle

Le Jardin annonce des retrouvailles avec une personne respectée. À proximité du Personnage, il désigne une amitié intime ; éloigné, un ami déloyal. Directement lié à la Montagne (21) et au Choix (22), il révèle le soutien d'un cercle d'amis, de collègues et d'une personne estimée. Son éloignement invite à observer avec vigilance ce cercle de confiance, notamment si l'Ours (15) ou la Montagne (21) sont proches.

Image

Des feuillages lumineux et exotiques s'épanouissent. Un chemin accueillant mène à un belvédère d'or baigné d'une lumière étincelante. Lieu de rencontre ouvert à tous, il offre un abri sûr appelant la question : quelles rencontres peut-on y faire, quand et pourquoi ?

Travail

Le Jardin est annonciateur de rencontres, de conventions et de collaborations, d'une journée collégiale au cours de laquelle les idées s'échangent et les relations de travail se fondent sur un objectif commun.

Amour

Il souligne l'importance des relations et appelle à trouver des points communs avec son partenaire et à profiter du temps passé ensemble. Les célibataires doivent observer leur cercle d'amis proches et se demander si l'un d'eux détient le potentiel pour devenir intime.

Santé

Le Jardin évoque un soutien et suggère de s'entourer de professionnels dans le domaine de la santé. L'Arbre (5), le Cercueil (8) ou le Fouet (11) peuvent annoncer une maladie virale.

Conseils

Appréciez vos amis, recherchez des interactions ou prenez simplement conscience de leur présence à vos côtés.

Note

À la base, le Jardin invite le consultant à passer du temps avec les personnes qui lui sont chères et avec lesquelles il se sent en phase.

MOTS-CLÉS

Interaction sociale

Réseau

Alliances

Temps passé entre amis

Signification : obstacles
Présage : de mauvais augure

Signification traditionnelle

La Montagne à proximité du Personnage met en garde contre un ennemi redoutable ; éloignée, elle indique qu'il est possible de compter sur des amis puissants. La Montagne est inébranlable et souligne l'enlisement, le sentiment d'être soumis au pouvoir d'autrui. Le Chien (18) annonce un ennemi ou une situation potentiellement hostile.

Image

Une chaîne de montagnes bloque la vue et seul l'aigle qui la survole peut discerner ce qu'elle cache. En tant qu'observateur, vous vous tenez au pied de la pente que domine un pic menaçant. Plus vous vous approchez, plus vous appréhendez la gravité de la situation.

Travail

La Montagne invite à la prudence sur le lieu de travail et à comprendre les motivations de son entourage. Elle est le signe d'une remise en question du soutien reçu et invite à accepter l'implication de la politique interne.

Amour

La Montagne incite à se méfier d'éventuels rivaux. Avec le Serpent (7), elle appelle à remettre en question les intentions d'autrui et leurs effets potentiels sur un bonheur acquis.

Santé

La Montagne représente les obstacles et les blocages, le parcours du combattant mené pour préserver son bien-être ou une médication aux effets inattendus. En matière de diagnostic, elle peut indiquer tous présages de problèmes, des calculs rénaux aux artères bouchées.

Conseils

Votre liste de tâches quotidiennes est truffée d'obstacles et de blocages. Faites attention à ce que vous partagez.

Note

La Montagne recommande de ne pas tirer systématiquement des conclusions hâtives. Si elle peut révéler l'hostilité de son entourage, elle peut aussi indiquer des situations simplement embarrassantes. Les Oiseaux (12) à proximité annoncent avec certitude les obstacles, l'Anneau (25), la difficulté à respecter ses engagements.

MOTS-CLÉS

Rival
Ennemi
Obstacle
Défi
Lutte
Résistance

Signification : décisions

Présage : de mauvais augure

Signification traditionnelle

Proche du Nuage (6), le Choix est un signe d'infortune. S'il en est éloigné, ainsi que de la carte du Personnage, il suggère la possibilité d'échapper au danger actuel. Le Choix indique qu'il existe une bonne et une mauvaise façon d'avancer. Seul l'éloignement du Nuage (6) et du Personnage est le garant d'une bonne décision. Observez les cartes avoisinantes : quelles sont les deux options disponibles ?

Image

Que choisir ? La lumière rouge ou la bleue ? Des chats ailés éclairent les routes conduisant chacune vers une destination inconnue. Il importe de ne jamais marcher en territoire étranger sans lui porter toute l'attention requise.

Travail

Un examen attentif des options professionnelles est essentiel. Il est conseillé de planifier et de gérer sa charge de travail.

Amour

Le Choix peut suggérer deux prétendants ou conseiller de réfléchir à ses relations. Les cartes qui l'entourent soulignent ces choix.

Santé

Outil de diagnostic, le Choix met en lumière des fonctions corporelles distinctes. Proches, le Nuage (6) et l'Étoile (16) peuvent indiquer des difficultés au niveau des facultés mentales.

Conseils

Réfléchissez avant d'agir ! Prenez les décisions difficiles !

Note

Nous sommes quotidiennement confrontés à des prises de décision. Lorsque le Choix apparaît dans un tirage, il met en garde contre des décisions irréfléchies, notamment si la Faux (10) est proche, et invite à faire des choix prudents. Il faut éviter avant tout la procrastination car une absence de décision laisse le lecteur entre les lignes rouges et bleues.

MOTS-CLÉS

Décisions
Options
Choix
Chemins
Impasse

Signification : perte

Présage : de mauvais augure

Signification traditionnelle

La Souris représente le vol. Si elle est proche, il est possible de récupérer ce qui a été pris, si elle est éloignée, la perte est irrémédiable. Elle invite à porter une attention particulière à ses actes. La perte peut se situer au niveau physique ou émotionnel. La Souris ronge les cartes qui l'entourent et les affaiblit au fur et à mesure de la lecture. Si elle est à proximité du Fouet (11), la dégradation de la situation devient source de désordre ; si elle est proche de la Montagne (21), elle conduit à d'éventuels obstacles.

Image

Une souris accrochée à une nappe contemple un festin. Lorsqu'elle est proche, il est possible de convier ses amis et sa famille à table pour que tous en profitent. Éloignée, elle grignote lentement les mets, laissant tout le temps de protéger le repas.

Travail

Avec la Souris, impossible d'obtenir les résultats souhaités ! À proximité, la Lune (32) menace la réputation, le Vaisseau (3) indique que les ventes ne seront pas aussi élevées que souhaitées et le Jardin (20), qu'un environnement collégial pourrait se détériorer.

Amour

L'amour vacille-t-il ? La Souris altère lentement l'intimité.

Santé

La Souris représente la dégradation progressive du corps au cours du processus de vieillissement. Seule, elle n'annonce pas de maladie grave. Si le Cercueil (8), l'Arbre (5) ou le Fouet (11) sont proches, les douleurs peuvent révéler des problèmes de santé sérieux.

Conseils

Réduisez votre liste de tâches à accomplir ! Veillez à ne pas vous séparer de vos biens !

Note

Bien plus que de nombreuses cartes, la Souris révèle la lente dégradation d'une situation, mettant en évidence les soucis quotidiens. Il est normal d'égarer parfois ses possessions ; elle prédit un vol d'objets matériels.

MOTS-CLÉS

Perte

Vol

Dégradation

Déclin

Signification : bien-être
Présage : de bon augure

Signification traditionnelle

Le Cœur indique exclusivement la chance et le bien-être. Il met l'accent sur le bien-être personnel, y compris l'amour et un sentiment positif global de soi-même. Il constitue le cœur du sentiment de confort, incarne la sécurité, la protection, le sentiment d'être aimé et aimant et ne fait qu'un avec l'essence même de notre être.

Image

Le symbole universel de l'amour est présenté comme un emblème pour tous. Assis au sommet du cœur, Cupidon est prêt à attiser le désir et à réunir des amants. Son aura répand le bien-être autour de lui.

Travail

Le Cœur indique le bien-être dans la vie professionnelle et la réalisation de projets en cours. Il symbolise souvent le travail sur un objectif de vie, avec le sentiment d'offrir au monde ce que l'on maîtrise.

Amour

Le Cœur est indispensable dans toute lecture sur l'amour. Les cartes qui l'entourent révèlent ce qui peut affecter le bien-être de la relation et la façon dont le couple gère ses sentiments. Il révèle au célibataire que l'amour se profile à l'horizon.

Santé

Le bien-être est essentiel ; le Cœur indique la parfaite maîtrise de son aspect émotionnel et un sentiment d'aise. Si des cartes difficiles l'entourent, il convient d'observer leur impact et de modifier son comportement afin de le préserver.

Conseils

Aimez et soyez aimé ! Faites ce que vous appréciez vraiment !

Note

Le Cœur parle de l'être global et pas uniquement de l'amour. Il symbolise un moment de bien-être, d'harmonie avec soi-même. Les hobbies sont souvent source de plaisir dans l'existence.

MOTS-CLÉS

Bien-être

Amour

Chance

Plaisir

Signification : engagement
Présage : de bon augure

Signification traditionnelle

L'Anneau à la droite du Personnage annonce un mariage riche et heureux. Éloigné et à sa gauche, il prédit des fiançailles rompues ou une séparation. L'Anneau révèle la force des engagements et assure leur solidité lorsque sa position est positive. En revanche, si elle est négative, il invite à observer les cartes qui l'entourent afin de découvrir la nature du problème.

Image

Un anneau tourne autour de la Terre, porteur de lois et de principes universels qui rassemblent les êtres humains. Toute relation possède des règles non écrites auxquelles chacun adhère. L'Anneau unit dans le mariage, mais aussi dans d'autres relations.

Travail

Il met en lumière des engagements sur le plan professionnel, allant de contrats avec la Lettre (27) à des charges de travail importantes avec les Oiseaux (12). Les collaborations annoncées par le Jardin (20) seront fructueuses et le Chien (18) prédit une relation de la plus haute importance avec un collègue.

Amour

L'Anneau promet un engagement solide au sein de la vie amoureuse. Avec le Cavalier (1), une demande en mariage peut être envisagée. Il appelle à se concentrer sur la relation et à apprécier les fondations construites pour l'obtenir.

Santé

L'Anneau souligne un engagement. Un mode de vie sain est essentiel au bien-être. Il peut indiquer la nécessité de prendre des rendez-vous médicaux s'il est entouré de la Lettre (27) et de la Tour (19) ; avec le Cœur (24), il annonce un engagement sur le long terme afin de garantir ce bien-être.

Conseils

Respectez vos engagements ! Engagez-vous !

Note

L'Anneau est essentiel pour mettre en lumière les engagements. Le Poisson (34) à proximité indique des engagements financiers, et la Lune (32), un attachement à sa réputation. Il peut révéler des promesses non tenues avec la Faux (10) et des contrats de vente avec le Vaisseau (3).

MOTS-CLÉS

Engagement
Mariage
Union
Lien

Signification : secrets

Présage : de mauvais augure

Signification traditionnelle

Le Livre annonce un secret révélé au grand jour. Ce secret peut être positif et négatif. Le *Jeu de l'Espoir* révèle que le Livre est magique par nature. S'il apparaît à proximité du Personnage, un signe caché émergera ; s'il en est éloigné, un secret sera révélé. Le Livre symbolise les mystères les plus sombres.

Image

Des livres empilés avec soin dissimulent les écrits des pages qui se dessinent à l'arrière-plan. La connaissance constitue le pouvoir en toute situation. Le Livre aide à appréhender les informations révélées et de quelle manière les exploiter à son avantage.

Travail

Le Livre indique des agendas cachés ou simplement une tâche oubliée. Il appelle à mener à terme toutes ses recherches avec professionnalisme et détermination en découvrant chaque aspect de la tâche à accomplir.

Amour

Le Livre invite à plonger dans ses secrets passés pour avancer, à s'immerger dans la relation. Une observation plus précise avec la Loupe (44) peut aider à dissiper les doutes ou confirmer les intuitions.

Santé

Si un problème inconnu existe, le Livre souligne la nécessité d'une investigation plus poussée. Il peut confirmer qu'un diagnostic se profile et révéler des problèmes sous-jacents.

Conseils

Effectuez vos recherches ! Approfondissez-les ! La journée ne manquera pas de vous surprendre !

Note

Personne n'a envie de revivre ses erreurs passées. Le Livre souligne la nécessité d'entendre la vérité sur un sujet et d'agir en conséquence. Il peut révéler une information difficile à accepter et des secrets impliquant un retour en arrière, essentiels pour avancer et mieux recommencer.

MOTS-CLÉS

Secrets
Dissimulation
Révélation
Divulgation
Recherche

Signification : communication

Présage : de bon augure

Signification traditionnelle

Si le Nuage (6) est éloigné, la Lettre est annonciatrice de bonnes nouvelles ; s'il est proche, il faut s'attendre à des nouvelles porteuses de peine et de douleur. Le Nuage crée une instabilité dans la communication et fait rapidement basculer le positif vers le négatif. Les mots et les messages seront au premier plan.

Image

Une plume est plongée dans un encrier posé sur une lettre manuscrite, symbole de la parfaite alliance de la pensée, de la beauté de l'écrit et du sentiment.

Travail

La communication est essentielle dans la vie professionnelle. Qu'il s'agisse de recherches et de débats lorsque la Lettre s'accompagne du Livre (26) ou de partage de connaissances avec le Jardin (20), l'éloquence est essentielle.

Amour

La communication est la clé de toutes les relations et maintenir la possibilité d'une discussion ouverte est primordial pour leur équilibre. Si le Cœur (24) est proche, la Lettre indique des mots d'amour, le Fouet (11), une ligne de communication propre aux débats. Si le Nuage (6) est éloigné, le fil de la conversation avec les êtres chers sera probablement satisfaisant.

Santé

La Lettre annonce des ordonnances, des rendez-vous et des échanges avec des professionnels de santé. Les cartes qui l'entourent permettent d'appréhender la nature de cette communication.

Conseils

Parlez, discutez et envoyez des courriels ! Attendez-vous à recevoir un courriel formidable !

Note

La Lettre est une carte idéale pour saisir la teneur des informations reçues. Elle peut confirmer une offre d'emploi avec la Lune (32), le Cavalier (1) et l'Anneau (25), des bilans financiers avec le Poisson (34) et même le sarcasme avec la Faux (10). Semblable au Cavalier, elle suggère une communication positive ; proche du Jardin (20), elle annonce des conférences, à proximité du Livre (26) et de l'Anneau (25), des dédicaces.

MOTS-CLÉS

Communication
Discours
E-mail
Message privé
SMS
Conversations

Les cartes de l'Homme et de la Femme constituent les points de départ du récit. Le jeune homme (as de cœur) représente le consultant masculin, la jeune femme (as de pique), la consultante. Ils sont les protagonistes de l'histoire Lenormand et leurs positions révèlent la nature de leur relation.

29
A
LA FEMME

Les deux Personnages supplémentaires jouent le rôle de « partenaire » lors d'une lecture impliquant une relation entre deux personnes du même genre. Ainsi, le Monsieur (28) sera le partenaire de l'Homme (28) et la Dame (29), la partenaire de la Femme (29).

Les Personnages n'ont pas une signification essentielle ; ils décrivent simplement la nature des relations au sein de la lecture. La progression du récit dépend de leur position.

Signification : euphorie
Présage : de bon augure

Signification traditionnelle

Le Lys annonce une vie heureuse. Proche du Nuage (6), il indique la discorde dans le cercle domestique. S'il apparaît au-dessus du Personnage, il désigne la vertu ; au-dessous, une invitation à vérifier s'il s'agit d'ostentation, de tromperie ou d'hypocrisie.

Image

Le lys rose incarne l'amour et l'admiration. Lorsqu'il sort au-dessus de la carte du Personnage, il peut indiquer un amour pour tous et l'importance des valeurs familiales. Lorsqu'il apparaît au-dessous, le consultant place ses intérêts avant ceux des autres et dirige cet amour vers lui-même. Le lys rose représente une unité familiale heureuse et si le Jardin (20) est proche, l'amour et le bonheur au sein de la communauté.

Travail

Le Lys symbolise une vie professionnelle heureuse et satisfaisante. Sous la carte d'un Personnage, il avertit que les membres d'une même équipe ne se concentrent pas tous sur le même objectif.

Amour

L'amour familial et l'intimité sont des concepts clés du Lys révélateur d'une profonde satisfaction dans la vie amoureuse. Avec le Nuage (6) proche ou situé sous la carte du partenaire, il convient de se demander si ce sentiment de satisfaction est partagé ou unilatéral.

Santé

Le Lys invite à rechercher ce que l'on aime et à tenir compte de son bien-être global dans chaque situation. Prendre soin de soi et s'accorder du plaisir est essentiel.

Conseils

La journée est très satisfaisante ! Concentrez-vous sur l'unité familiale !

Note

Observez toujours la carte qui se trouve au-dessus du Lys parce qu'elle symbolise le plus bel amour de soi. S'il s'agit d'un Personnage, il convient de s'assurer que le Serpent (7), le Renard (14), l'Ours (15) ou la Montagne (21) ne sont pas à proximité car ils peuvent indiquer des actes répréhensibles ou des intentions malveillantes. Le Lys est la carte de la domesticité, symbole de l'harmonie au sein de la cellule familiale et de la nécessité de prendre soin de son entourage.

MOTS-CLÉS

Satisfaction

Bonheur

Plénitude

Vertu (sous la carte d'un Personnage : tromperie)

Signification : force vitale
Présage : de bon augure

Signification traditionnelle

Le Soleil proche est synonyme de chance et de joie, ses rayons diffusent sa chaleur et sa lumière. Éloigné, il est porteur de chagrin et de malchance. Il brille et fournit la substance indispensable à la croissance et à la prospérité. Sans lui, rien ne pousse. Considérez-le comme un élément essentiel au bien-être ; sa chaleur réchauffe le corps et lui offre les vitamines nécessaires à son épanouissement.

Image

Alors que le soleil se lève à l'est, la pyramide capture ses premiers rayons et les exalte, reliant le ciel et la terre et réveillant le monde. Un cadran solaire les utilise pour indiquer la direction.

Travail

L'union de l'enthousiasme et de la détermination garantit le succès. Chaque once d'énergie dépensée est synonyme de croissance dans l'univers professionnel.

Amour

Le Soleil diffuse son énergie dans la vie sentimentale. Il accroît les connexions et insuffle la passion nécessaire entre deux êtres.

Santé

Il est la promesse de vitalité et de renouveau. Si un problème de santé a été diagnostiqué, la proximité du Fouet (11) peut figurer une fièvre.

Conseils

Insufflez de l'énergie dans chacune de vos actions ! Vous serez comblé par le besoin d'agir !

Note

Carte positive, le Soleil indique qu'il est possible de réussir et de surmonter tous les obstacles. Il élargit les perspectives, profite à chaque domaine de la vie, induit la croissance et une volonté de succès.

MOTS-CLÉS

Chance

Croissance

Succès

Optimisme

Signification : reconnaissance
Présage : de bon augure

Signification traditionnelle

Proche d'un Personnage, la Lune est un signe d'honneur, de chance et de renommée. Éloignée, elle peut annoncer le malheur et la souffrance. Dans tous les domaines de la vie, nous quêtons la reconnaissance de nos capacités et cherchons à ce que nos efforts se remarquent. La Lune révèle que nous serons vus, entendus et reconnus.

Image

Les civilisations étudient et suivent les phases de la Lune depuis des générations ; le ciel nocturne permet de s'orienter et réconforte dans les moments difficiles. La Lune révèle la certitude d'avoir trouvé sa voie et d'être sur le chemin de la gloire. Les autres verront précisément ce qui a été accompli.

Travail

Le travail bien fait sera récompensé ; dans l'attente d'un avancement, les efforts seront remarqués. Dans un grand tableau sur le thème du travail, les bases sont solides si la Lune est éloignée.

Amour

La relation sert les intérêts du consultant. Son partenaire le tient en haute estime et le félicite pour sa merveilleuse singularité.

Santé

La Lune incarne un corps en bonne santé, une santé exceptionnelle et une forme physique éblouissante. Lors d'un diagnostic, elle peut indiquer les problèmes futurs car elle discerne les difficultés.

Conseils

Visez les étoiles ! Vous serez remarqué !

Note

La Lune est essentielle dans les lectures sur l'emploi et les finances ; lorsqu'elle est associée au Vaisseau (3) et à l'Ancre (35), les affaires prospèrent et chaque effort se voit récompensé. Au-dessus d'un Personnage – notamment si le Lys (30) est proche –, elle révèle une grande intégrité et force d'être ; au-dessous, elle peut indiquer une reconnaissance dans le domaine professionnel.

MOTS-CLÉS

Notoriété
Reconnaissance
Honneur
Adulation

Signification : succès assuré
Présage : de bon augure

Signification traditionnelle

La Clé proche assure le succès d'une affaire ; si elle est éloignée, elle révèle des revers. Sa proximité offre la certitude d'un triomphe. À distance, elle indique que ce succès est encore loin. Si la question porte sur une situation négative ou si la Clé est entourée de cartes négatives, elle confirme les pires craintes.

Image

La clé, dorée et ouvragée, représente la connaissance et le succès, ouvre les portes et dévoile ce qu'il convient de faire pour conquérir la vie. Elle révèle qu'il est possible de s'ouvrir à l'univers et de découvrir le savoir nécessaire pour triompher.

Travail

La certitude de soi est essentielle pour progresser positivement au sein de la vie professionnelle. La Clé confirme l'aboutissement d'un projet, une augmentation ou une mission menée à son terme. Entourée de cartes négatives, elle confirme la certitude dans toute situation.

Amour

La relation est solide et sûre. Elle appelle à la sérénité : le consultant est sur la bonne voie. Son conjoint (ou futur conjoint) est le bon.

Santé

La Clé est synonyme de guérison. À proximité d'un Personnage, notamment si la Lune (32) l'accompagne, elle peut révéler à un professionnel de santé tout problème sous-jacent.

Conseils

Soyez sûr de vous ! Vous allez réussir !

Note

La Clé incarne la certitude dans chaque domaine, y compris celle de l'échec si la Lune (32) est éloignée et que des cartes négatives l'entourent. Elle met en évidence les aspects essentiels d'un grand tableau. Observez les cartes avoisinantes pour découvrir ce qui est certain. Si la Clé est éloignée du Personnage et entourée de cartes négatives, celle qui se trouve au-dessous symbolise sans aucun doute la source des problèmes.

MOTS-CLÉS

Certitude
Solution
Réponse
Importance
Constatation

Signification : abondance

Présage : de bon augure

Signification traditionnelle

Le Poisson proche du Personnage annonce la richesse dans une entreprise maritime et une série d'engagements couronnés de succès. À distance, il indique l'échec des projets. Un gain d'argent et le profit financier sont l'essence même de cette carte. Quand le Poisson est éloigné, l'abondance financière est hors de portée et aucune récompense ne se profile sur la ligne d'arrivée.

Image

Deux carpes dorées nagent à l'unisson dans des eaux bleues. Symboles de force, de succès et de prospérité, elles glissent avec aisance. Le Poisson Lenormand indique la détermination pour réussir contre vents et marées et confirme les richesses.

Travail

Le Poisson promet la sécurité financière et un flux de travail continu.

Amour

Si le Cœur (24) est proche, le Poisson annonce une relation épanouissante, imprégnée de la magie de l'amour. Il fait souvent référence à l'afflux d'émotions ressenties lors de la rencontre avec l'être aimé.

Santé

Positif par essence, le Poisson représente une santé et une forme éblouissantes. Si des cartes négatives l'entourent, un diagnostic d'abondance nuira au système corporel.

Conseils

L'argent afflue ! Concentrez-vous sur vos finances !

Note

Le Poisson indique la richesse, le sentiment de posséder tout ce dont nous avons tous besoin. Il symbolise les états financiers avec la Lettre (27), les accords financiers avec le Vaisseau (3) et une prime avec la Lune (32). Si l'Anneau (25) est proche, des contrats ou de nombreux engagements se profilent ; le Cœur (24) annonce un afflux d'émotions.

MOTS-CLÉS

Abondance
Revenu
Richesse
Finances
Entreprise

Signification : vie réussie
Présage : de bon augure

Signification traditionnelle

L'Ancre est un signe de chance en mer, dans le commerce et en amour ; éloignée, elle annonce la ruine et des déceptions amoureuses. L'Ancre signifie le succès dans tous les domaines de la vie ; plus elle est proche du Personnage, plus la réalisation de l'objectif l'est aussi.

Image

Une ancre solide s'enfonce dans la mer, symbole de stabilité, de protection et d'espoir. La pieuvre invite à se tenir à l'écart de la concurrence pour atteindre ses objectifs ; l'Ancre révèle qu'il est possible d'obtenir le statut désiré.

Travail

L'Ancre désigne le commerce et les relations d'affaires. Entourée de la Lune (32) et du Vaisseau (3), elle est l'assurance d'atteindre les objectifs souhaités et garantit la reconnaissance.

Amour

Essentielle dans la lecture d'un tirage de l'amour, l'Ancre signifie la venue de l'amour attendu, ainsi que des relations saines et sûres.

Santé

Elle indique la stabilité, la sécurité et une image positive du corps sur le long terme. Signe d'espoir, elle préfigure la fin des souffrances.

Conseils

Fixez vos objectifs ! Profitez de votre stabilité !

Note

L'Ancre est recherchée dans chaque lecture du grand tableau. Sa proximité avec la carte du Personnage est essentielle. Elle indique qu'il est possible de surmonter la situation et d'être en position de force pour réussir.

MOTS-CLÉS

Chance
Échange
Commerce
Sécurité
Objectif final

Signification : chagrin

Présage : de mauvais augure

Signification traditionnelle

La Croix préfigure toujours la malchance, mais celle-ci peut être éphémère si la carte du Personnage est proche. Elle met en garde contre la peine et la douleur. Contrairement à la plupart des cartes Lenormand, sa gravité diminue à mesure qu'elle se rapproche du Personnage. Maux et souffrances corporels peuvent apparaître simultanément à un bouleversement émotionnel et à un sentiment de perte.

Image

Les deux branches d'une large croix ornent la porte d'une église et la fractionnent. La Croix de l'oracle Lenormand incarne l'aspect le plus douloureux des croyances et la nécessité de prier ou d'espérer que les circonstances entourant le chagrin seront éphémères.

Travail

La Croix indique une désillusion au sein de la vie professionnelle ou tout simplement, les fortes pressions exercées sur les ressources par un client.

Amour

Dans une lecture sur l'amour, la Croix est loin d'être optimale. Si l'amour peut blesser, sa présence implique une douleur toxique entre deux personnes. Larmoyer implique d'entrer dans un processus de renoncement aux liens passés. Lorsque la Croix apparaît, il importe d'observer les cartes qui l'entourent et le fardeau qu'elles font peser sur la relation.

Santé

La Croix est une carte douloureuse par essence. Les cartes avoisinantes désignent la zone de souffrance corporelle. Avec le Cœur (24), elle révèle un chagrin émotionnel ; la Tour (19) peut confirmer une douleur durable. Au-dessus du Personnage, elle présage des maux de tête ; au-dessous, des douleurs corporelles.

Conseils

Maîtrisez votre douleur ! Faites le deuil des situations que vous devez gérer !

Note

La Croix pèse sur toutes les cartes qui l'entourent, créant une situation douloureuse à l'origine d'une émotion ou d'une perte personnelle. Elle invite à dire adieu à certaines situations que l'on espérait voir aboutir et confirme qu'un objectif n'a pas été atteint, qu'il convient de l'accepter et d'en faire le deuil avant de passer à autre chose.

MOTS-CLÉS

Souffrance
Chagrin
Douleur
Fardeau
Tristesse
Désespoir

Signification : temps
Présage : neutre

Signification traditionnelle

Le Sablier appelle à prendre plus de temps pour soi. L'heure est venue de faire ce que révèlent les cartes avoisinantes. Les cartes lentes (Tour, Arbre, Ancre, Montagne) symbolisent une longue période, les cartes rapides (Trèfle, Faux, Fouet, Enfant), un temps plus court. Le timing est essentiel dans toute lecture et la carte du Temps offre l'opportunité de prolonger le temps alloué à un projet ou de prendre un raccourci.

Image

Un sablier diffusant une lumière mordorée égraine les secondes au cours de la lecture. Il importe de choisir le rythme adapté, de faire une pause ou d'enchaîner ses tâches. Le Temps offre la possibilité de s'organiser, de programmer et d'adopter une approche plus paisible de la vie.

Travail

Le Sablier invite à porter une attention particulière à l'ensemble de ses projets. Il annonce la possibilité d'heures supplémentaires pour produire la qualité souhaitée, la nécessité de se concentrer sur le travail à accomplir, de considérer la contribution requise par toutes les parties et de la planifier avec justesse.

Amour

La patience s'impose en amour. Le Sablier appelle à faire preuve de bienveillance envers soi-même et sa relation et de s'accorder une pause pour réfléchir.

Santé

Le Sablier conseille une temporisation ou un repos afin de récupérer. L'Arbre (5), le Cercueil (8) ou le Fouet (11) proches appellent à gérer son temps afin de se concentrer sur sa santé.

Conseils

Avancez lentement ! Prenez le temps de vous arrêter !

Note

Chaque jour offre de nouvelles opportunités de gérer sa vie. Le Sablier appelle à planifier des pauses ou à continuer sans relâche. Il offre la certitude de bénéficier de tout le temps nécessaire pour s'amuser, se concentrer sur ses rêves ou se consacrer à des causes méritoires.

MOTS-CLÉS

Temps
Programme
Planification
Ralentissement

Signification : dimensions cachées

Présage : neutre

Signification traditionnelle

Le Puits encourage à rechercher les dimensions cachées. L'histoire ne s'arrête pas là. Sous un aspect négatif, il peut évoquer une personne qui dissimule ses émotions. Il invite à observer le monde environnant, à examiner attentivement la situation et à découvrir quel aspect de la vie pourrait bénéficier d'un travail d'introspection.

Image

Un puits révèle ses profondeurs. Il dissimule ses secrets jusqu'à ce que la personne concernée soit prête à les voir apparaître. Pour y parvenir, elle doit éliminer ses couches une à une et laisser le seau s'enfoncer plus profondément jusqu'à la source.

Travail

Le Puits invite à terminer sa tâche et à prendre le temps de déchiffrer le code offert. Professionnellement, il appelle à s'interroger sur soi-même et à comprendre si le chemin parcouru conduit à la reconnaissance. Êtes-vous en phase avec la tâche à accomplir ?

Amour

Les sentiments dépassent les schémas de pensée conscients. Si la sensation de surfer sur les vagues de l'amour dans une mer de sentiments est vive, que dissimule sa surface ? Le Puits appelle à prendre le temps de plonger dans ses émotions et de déterminer si elles recèlent le véritable amour.

Santé

Au plus profond du corps et de l'esprit gît une mine d'informations sur le bien-être. Le Puits invite à méditer, à prendre le temps de l'introspection et à écouter l'histoire que son corps tente de raconter.

Conseils

Cherchez en profondeur ! Envisagez toutes les éventualités !

Note

Le Puits est le signe évident d'un sujet plus complexe qu'il n'y paraît au premier abord. Des cartes négatives proches, en particulier le Serpent (7) ou le Renard (14), appellent à considérer la situation objectivement et à révéler chaque élément d'information.

MOTS-CLÉS

Profondeur
Approfondissement
Introspection
Informations cachées

Signification : pari

Présage : neutre

Signification traditionnelle

Le Dé est synonyme de jeux et de plaisir. Il peut représenter une personne qui joue, parie ou fait preuve d'un comportement à risque. Il symbolise le jeu du destin et les choix non conscients, met en lumière les différents aspects de la vie permettant de décider si une intervention active est nécessaire.

Image

Une main lance trois dés, l'univers tout autour s'auréole de magie. La main de la destinée est en jeu et le consultant peut décider de gérer activement ou passivement la situation. Le Choix (22) proche appelle à abandonner ses décisions au destin. La proximité de la Faux (10) indique que des choix risqués se profilent à l'horizon.

Travail

Les dés sont lancés ! Ils sont favorables ; seules les cartes négatives qui l'entourent avertissent que le jeu est déloyal.

Amour

Le Dé invite à la prise de risque. Le célibataire devra chercher de nouvelles manières de trouver un partenaire, se rendre dans des lieux inédits afin de provoquer des nouvelles rencontres. Celui qui a déjà trouvé l'amour devra favoriser la joie au sein de son couple.

Santé

Dans une lecture sur la santé, le Dé est délicat. Il importe de ne pas jouer sa santé sur un coup de dés, mais d'être proactif pour assurer son bien-être.

Conseils

Prenez des risques ! Soyez spontané !

Note

Parfois, il est simplement trop difficile de prendre une décision. Le sentiment de se débattre avec les issues potentielles l'emporte. L'excès de réflexion induit l'instabilité. Il faut faire acte de foi, accueillir avec confiance les dons de l'univers. Le Dé apparaît lorsque s'impose le besoin de croire en sa meilleure vie et de la vivre.

MOTS-CLÉS

Pari
Chance
Destin
Risque
Possibilité

Signification : direction

Présage : neutre

Signification traditionnelle

Orientation, direction, planification. La Boussole invite à faire une pause afin de prendre ses repères, à clarifier sa position et à l'étudier dans le contexte de sa destination. Chacun souhaite savoir où il va et de quelle manière cette destination affectera sa vie. La Boussole met en lumière la meilleure voie. Observez les cartes avoisinantes et créez un plan pour établir une direction.

Image

Une boussole indique la direction nord-est, la carte qui se trouve derrière elle, un itinéraire limpide pour le chemin à suivre. Il suffit de demander conseil et les cartes confirmeront la nécessité de déterminer la direction à prendre. Travaillez-vous à atteindre cet objectif?

Travail

Un cheminement de carrière doit être réfléchi et défini. La Boussole confirme que la route vers la reconnaissance est prête.

Amour

La Boussole apparaît lorsque domine la nécessité de prendre du recul, d'envisager des conseils et de voir ses relations telles que les autres les voient.

Santé

Un plan de vie équilibré, une feuille de route vers un moi sain et énergique sont requis. La Boussole invite à considérer les changements nécessaires pour gérer sa santé de manière proactive.

Note

De nombreuses personnes vont entrer dans la vie du consultant. Certaines peuvent impliquer un changement majeur ou un point de vue divergent. Qu'elles soient des guides spirituels ou humains, elles auront toujours quelque chose à lui enseigner.

MOTS-CLÉS

Direction
Navigation
Plan d'action
Bilan

Signification : connexion

Présage : neutre

Signification traditionnelle

Le Pont fait office de lien entre les cartes qui se trouvent à sa gauche et à sa droite. Construire un pont entre des personnes leur permet de parvenir à destination. Le Pont relie les cartes avoisinantes et s'associe à elles dans la lecture. Il est neutre et n'indique pas un lien positif. Les deux cartes qui l'entourent confirment le contexte. S'il s'agit du Cœur (24) et de l'Anneau (25), l'amour se renforcera avec un engagement. La Faux (10) et le Cercueil (8) annoncent une maladie soudaine.

Image

Un pont enjambe une rivière paisible sur laquelle glissent deux cygnes. Son reflet met en lumière le lien entre l'esprit conscient et le subconscient ; les cygnes annoncent le développement des capacités intuitives. Le Pont appelle à observer les cartes qui se trouvent à sa gauche et à sa droite et à découvrir leur connexion.

Travail

Les relations sont vitales dans l'univers professionnel. Le Pont peut signifier la nécessité de régler encore de nombreux détails pour parvenir à l'objectif final ou respecter l'échéance. Entouré des Oiseaux (12) et de la Lune (32), il indique la direction à prendre face au doute et annonce la reconnaissance des efforts accomplis.

Amour

Le Pont peut combler les fossés au sein des relations intimes et souligne les domaines de la vie amoureuse nécessitant une attention particulière pour retrouver l'intimité désirée.

Santé

Le Pont peut indiquer un certain nombre de problèmes liés à la santé. Il constitue un lien et peut donc mettre en évidence les connexions corporelles.

Conseils

Trouvez une solution ! Construisez des ponts !

Note

Le Pont permet de combler les fissures ou les brèches. Il appelle à se ressaisir et à trouver une solution. Construire un pont signifie souvent réparer la relation, accepter le compromis et prendre suffisamment de recul pour envisager la meilleure façon d'avancer.

MOTS-CLÉS

Pont

Lien

Solution

Interdépendance

Signification : déguisement

Présage : de mauvais augure

Signification traditionnelle

Le Masque ou « l'interprétation d'un rôle ». Nous devons souvent jouer différents rôles pour nous adapter à une situation, utiliser le langage et les traits pertinents requis à cet instant. Le Masque travestit la personnalité et le système de croyances lorsque partager son moi véritable devient inconfortable.

Image

Un bouffon porte plusieurs masques en fonction du public. Selon la situation, il faut parfois assumer un rôle différent. Ainsi, un anxieux devra peut-être avoir une approche assurée. Le masque dissimule la vérité d'une situation en conférant un courage trompeur ou en rendant vulnérable à la tromperie.

Travail

Le Masque invite à se présenter d'une manière qui n'est pas totalement conforme à sa personnalité. Il arrive à chacun de sortir de temps à autre de sa zone de confort. Enfiler un masque peut faciliter la confiance. Si le Masque apparaît avec la Lettre (27), il importe d'étudier avec soin l'information reçue et de ne pas se fier à ce qui est révélé.

Amour

Le Masque peut être le signe d'un malaise au sein d'une relation. S'il est proche du Cœur (24) et de la carte partenaire, il convient de veiller à ce que celle-ci ne soit pas à sens unique.

Santé

Si le corps est doué pour dissimuler la maladie, les analyses ne mentent pas. Attention à ne pas ignorer les symptômes.

Conseils

Contenez vos véritables sentiments ! Agissez à l'opposé de votre ressenti !

Note

Cacher son moi véritable peut parfois devenir une pantomime de détresse mentale. La clé pour utiliser le Masque à son avantage est d'élever son essence dans chaque situation. Puiser dans sa force intérieure ou ses croyances afin de développer sa confiance est vital. L'extraverti qui ressent le besoin de freiner ses élans devra plonger en lui-même pour découvrir la part la plus sereine de son être.

MOTS-CLÉS

Déguisement
Camouflage
Dissimulation

Signification : casse-tête

Présage : de mauvais augure

Signification traditionnelle

Le Labyrinthe représente un casse-tête ou un problème nécessitant une déduction rationnelle pour être résolu. Les rebondissements jalonnent la route. La vie serait parfaite sans obstacles, mais le chemin est rarement lisse. Le Labyrinthe apparaît lorsque nous ignorons la direction à prendre. Il est possible de vivre des moments de confusion et des retards avant de revenir à la case départ et de recommencer.

Image

Un labyrinthe complexe entraîne le lecteur au gré de symboles alors qu'il tente de résoudre l'énigme. Des rayons étincelants ciblent des lieux significatifs pour l'orienter, tandis que l'angle du labyrinthe le désoriente.

Travail

L'inaction ne permet pas d'atteindre l'objectif final. Il importe de concrétiser son projet, mais aussi de continuer à vouloir résoudre le problème. Le Labyrinthe souligne l'importance de ne jamais abandonner, y compris lorsque les obstacles se succèdent.

Amour

Le Labyrinthe apparaît lors d'une lutte pour vivre une relation paisible. Contrairement aux autres cartes négatives de l'oracle Lenormand, il est la promesse de l'accomplissement recherché.

Santé

Le Labyrinthe confirme la difficulté d'une plongée au cœur d'un problème de santé. Il peut révéler les réseaux complexes de l'anatomie, par exemple, le système digestif, le cerveau ou l'ensemble du système corporel.

Conseils

Tentez une approche alternative ! Prenez le temps d'appréhender les différentes perspectives.

Note

Il importe de ne jamais limiter son point de vue, de laisser les portes ouvertes et de toujours recommencer au début. De redémarrer, réinventer et emprunter une voie différente, de remettre en question les normes fournies par la société et d'envisager un chemin différent.

MOTS-CLÉS

Casse-tête
Complexité
Impasse
Nouvelle tentative

Signification : mise au point

Présage : neutre

Signification traditionnelle

La Loupe permet de discerner les détails. Elle indique une préoccupation ou une obsession (une situation qui accapare l'esprit). La Loupe braque les projecteurs sur une situation qui requiert l'attention. Elle met en lumière ce qu'il est primordial de voir. La concentration et l'attention sont essentielles, en particulier au sein des relations interpersonnelles. La situation n'est pas négative ou néfaste. Il suffit de veiller à rester présent et attentif.

Image

La Dame et le Monsieur apparaissent dans des verres qui magnifient leur présence et obstruent toute vision périphérique. Il est temps de se concentrer sur son cercle étroit et donc sur l'essentiel.

Travail

La Loupe invite à lire attentivement chaque contrat, instruction et caractère, aussi minuscule soit-il. À accorder toute son attention à son travail et à se concentrer sur les tâches majeures. Procrastiner ne paie pas.

Amour

Le temps passé avec son partenaire et l'affection vouée l'un à l'autre sont fondamentaux. La Loupe révèle qu'il importe de différer ce qui peut être accompli ultérieurement, mais aussi de concentrer son énergie à la découverte d'une nouvelle relation.

Santé

La Loupe apparaît pour définir les domaines qu'il est souhaitable d'améliorer pour son bien-être, pour prendre le temps d'observer les activités ou les actions à entreprendre. Se concentrer sur ses symptômes est la meilleure façon d'affronter les problèmes.

Note

La Loupe rappelle que de toutes les manières, il convient d'être présent et responsable. Elle constitue un soutien majeur pour remobiliser l'attention et veiller à ne pas disperser son énergie.

MOTS-CLÉS

Concentration
Attention
Mise en lumière
Détails

Mot de la fin

Le langage Lenormand doit rester aussi simple que possible. L'embellissement du récit n'est requis que si les cartes l'exigent. La simplicité de la narration doit être préservée et le plaisir se découvrir dans la fusion des cartes selon une chronologie toujours évolutive. La fluidité du récit naît avec les premières informations qu'affinent les cartes avoisinantes au cours de chaque interprétation. Amusez-vous, entraînez-vous sur des scénarios fictionnels et vivez, ressentez les significations. Avec ces techniques, vous n'aurez besoin de rien d'autre. Vous réussirez à interpréter et à prédire l'avenir en articulant votre récit à partir de la carte du significateur tout au long du tirage. Grâce à ses illustrations, le *Mademoiselle Lenormand Collector* ajoute un élément ultime propre à parfaire l'aventure – votre intuition. J'espère sincèrement que vous plongerez dans cet univers et ressentirez l'intensité de l'amour qui illumine ma vie au quotidien.

Remerciements

Je remercie infiniment tous les soutiens que j'ai eu la chance de recevoir au cours de ce voyage. Avant tout et essentiellement, Ciro Marchetti pour avoir cru en ma capacité à réaliser ce projet ; son aptitude à transformer de simples cartes en œuvres d'art n'a jamais cessé de me séduire et je lui serai à jamais reconnaissante d'avoir participé à la création du *Mademoiselle Lenormand Collector* et, bien sûr, à l'aventure Lenormand dans son ensemble.

Un grand merci à Llewellyn Publications pour m'avoir accueillie en son sein et pour le travail réalisé dans les coulisses de l'édition et la création de ce merveilleux oracle.

Merci à chaque membre de la World Divination Association et à chaque personne qui m'a suivie au fil des ans dans l'art divinatoire, à mes amis et mentors qui ont cru en moi. Je leur voue une infinie reconnaissance. Sans eux, rien n'aurait été possible.

Enfin, merci à ma famille pour son soutien indéfectible et sa persévérance pour défendre mon travail contre vents et marées ; Jane, Lloyd et Nate, vous êtes les véritables étoiles.

À propos de l'auteure

Toni Savory (également connue sous le nom de Card Geek) est la fondatrice de la World Divination Association. Elle a étudié les systèmes traditionnels Lenormand, Kipper et Gypsy en Angleterre, en France et en Allemagne et vit actuellement au cœur de l'Irlande du Nord avec ses deux fils et sa compagne, Jane Matthews. Au cours des quinze dernières années, elle s'est concentrée sur le système Lenormand et le *Jeu de l'Espoir*.

Pour écrire à l'auteure

Si vous souhaitez contacter l'auteure ou souhaitez obtenir plus d'informations à propos de ce livre, vous pouvez lui écrire aux soins de Llewellyn Worldwide Ltd. Toute demande sera transmise. L'auteure et l'éditeur apprécient tous vos commentaires et se réjouissent du plaisir et du soutien que ce livre a pu vous apporter. Llewellyn Worldwide Ltd ne peut garantir une réponse, mais tous les courriers seront transmis.

Toni Sarriette
c/o Llewellyn Worldwide
2143, promenade Wooddale
Woodbury, Minnesota 55125-2989

Joignez une enveloppe et un coupon-réponse postal international.

29
A
LA FEMME

19
6
LA TOUR

32
8
LA LUNE

34
K
LE POISSON

25
A
L'ANNEAU

23
7
LA SOURIS

22
CM
Q
LE CHOIX

16
6
L'ÉTOILE

43
LE LABYRINTHE

31
A
LE SOLEIL

24
J
LE CŒUR

1
9
LE CAVALIER

8
9
LE CERCUEIL

28
A
L'HOMME

39
LE DÉ

6
K
LE NUAGE

5
7
L'ARBRE

33
8
LA CLÉ

38
LE PUITS

20
8
LE JARDIN

3
10
LE VAISSEAU

30
K
LE LYS

41
LE PONT

15
10
L'OURS

44
LA LOUPE

14
9
LE RENARD

42
LE MASQUE

4
K
LA MAISON

28
A
LE MONSIEUR

26
Once upon a time
CM
10
LE LIVRE

10
J
LA FAUX

29
A
LA DAME

35
9
L'ANCRE

18
10
LE CHIEN

40
N
E
W
S
LA BOUSSOLE

37
LE TEMPS

36
6
LA CROIX

13
J
L'ENFANT

2
6
LE TRÈFLE

12
7
LES OISEAUX

9
Q
LE BOUQUET

27
"So you thought that I did not love you
yourself! For what, then? Oh Mad
really think this? Could such a
feeling have been conceived
spirit? I am still astonishe
however than at the feel my awak-
ening brings me back t , without
resentment and withou er. It is certainly
impossible to be weaker used. What
then is your strange parable Jose-
phine? One of y oisons my life,
tears my soul ger feeling, a
less sensitiv e, draws me
back an ilty. I
truly feel ose my
heart... And yo - Have you
spared me ev I kiss you three
times, once o your lips and
once on your
C.M.
7
LA LETTRE

7
Q
LE SERPENT

21
8
LA MONTAGNE

17
Q
LA CIGOGNE

11
J
LE FOUET

12
7
LES OISEAUX